私に起きた奇跡

作詞家・音楽評論家
湯川れい子の数奇な人生

湯川れい子
Reiko Yukawa

ビジネス社

振り返れば、人生は奇跡の連続だった……。
そう思えるようになるのは、
いくつもの経験をしながら年を重ね、
人生を達観できるような領域に
足を踏み入れる頃なのかもしれません。

どんなにつらくても心を痛めても、
どうにか山坂超えて、
晩年、静寂な心のなかに輝く光を見つけた時、
これまでの人生がいくつもの奇跡の
連続だったと気がつくのです。

はじめに
～奇跡は奇跡の顔をしていない～

今年、89歳になりました。

これまでの人生を振り返ると、どう考えても奇跡としか思えない不思議な出来事や、神がかった神秘的な出来事をたくさん体験してきました。

この世界には、科学の常識では語れない〝何か〟があることは確かです。

けれども、たとえばもし奇跡が起きて空を飛べるようになったとしても、そこにどんな意味があるでしょう?

飛ぶだけなら、カラスやスズメにかなうわけがないのですから、特別すごいというわけでもありませんし、誰かが幸せになるというわけでもありません。

これからお話をする奇跡は、決して特殊な能力の持ち主や、神さまに選ばれた人だけが起こすものではありません。

それは、私自身やみなさんに、きっと毎日のように起きている物語のこと。

今は気づきませんが、時間が経って「ああ、あれが奇跡だったんだ！」とはじめて驚きとともに幸福を実感できる奇跡のようなことなのです。

この年齢になったからこそ、わかります。

たとえ今は、逆境のなかであがいているとしても、そして一見、退屈に思える平凡な日々にあったとしても。人生で起こるすべての出来事は、一つひとつがまるで無関係に見えていながら、後になってみればその糸は複雑に絡み合い、あなただけの美しい一枚のタペストリーとなっているものです。

だからこそ、この一瞬、一瞬を大切に慈しんで生きたいと思います。

そしてこの一瞬、一瞬に、今日も心から感謝を捧げたいと思います。

すべては感謝しかありません。本当にありがとうございます。

２０２５年１月

湯川れい子

Contents

第1章

15年後の奇跡
エルヴィスとの出会い

第2章

ダイヤモンドに導かれて

エイトスター・ダイヤモンドが起こした奇跡

第3章

魂の旅

スピリチュアルな世界の探究へ

第4章

崩壊と再生

神は誰のなかにもいる

第5章

生きる

私たちはみんな「持っている」！

✴ プロローグ

「エルヴィス・プレスリーと会わせてくれたら、結婚してやってもいいよ」

このひと言が、私と田村さんの人生の大冒険のはじまりでした。

〝してやってもいい〟なんて上から目線なのは、私のほうから「ねぇ、結婚してくれない？」とプロポーズしたからです。

後で詳しく書きますが、私がタムラっちと呼んでいた「田村さん」こと田村駿禮《たかのり》とのそもそもの出会いは、ハワイで開催されたエルヴィスのコンサートでした。

彼は私より5歳年下でしたが、手広く会社を経営する実業家で、お酒もタバコもやらない真面目な人。私が身を置く音楽業界にはあまりいないタイプで、「こんな人と結婚したら、子どもを持って幸せになれるかもなぁ」などと考えていました。

それにしても、エルヴィスに会わせてほしいなんて、とんでもない要求です。

若い読者のなかにはご存知ない方もいらっしゃるかもしれませんが、エルヴィス・プレスリーといえば、ビートルズ以前に登場して世界の音楽シーンを変えた伝説のアーティスト。当時は人気、実力ともに絶頂期で、世界中を熱狂させていたスーパースターでしたから、普通なら「会うなんて夢のまた夢」と、はなからあきらめていることでしょう。

ところが、夢は夢のままでは終わりませんでした。

それから約8か月後の1973（昭和48）年8月10日。ラスベガスの教会で結婚式を挙げた私たちは、翌日、同じラスベガスのMGMグランドホテルで公演中だったエルヴィスの控え室に招かれ、本当にエルヴィス・プレスリーその人と直接会っていました。田村さんにとってははじめて、私にとっては人生3度目の対面でした。

「結婚、おめでとう！」

エルヴィスは少しはにかんだような笑顔で私と田村さんの手を握ってくれました。そして私たちが持参した結婚証明書に、証人としてサインをしてくれたのでした。その時撮ったオフィシャルな写真は、今も私の仕事部屋に大切に飾ってあります。

それから50年近くの月日が流れた2022（令和4）年のこと。その写真を見てびっくり驚いて、私を質問攻めにした人がいました。

「あなたはどうしてそんな奇跡が起こせたんですか？　いったいあなたは何をしたんですか？」

言葉の主は、バズ・ラーマンさん。『ムーラン・ルージュ』や『華麗なるギャツビー』などのヒット作で知られる、ハリウッドの著名な映画監督です。

彼の最新作がエルヴィス・プレスリーの半生を描いた映画『エルヴィス』で、その公開記念と宣伝のため、エルヴィス役を演じた若手俳優のオースティン・バトラーさんとともに来日されていた時のこと。

私とは雑誌やテレビのインタビューとか鼎談などでご一緒させていただく機会があって、監督の「奇跡」という言葉はそこで飛び出しました。

アメリカでは、エルヴィスの素顔は長い間ヴェールに包まれたままでした。

たとえどんな有名な音楽ジャーナリストでも、決して取材させない。

どれだけ大金を積まれても、プライベートでは誰とも会わせない。

それが、無名時代のエルヴィスの才能を見いだし、長年二人三脚で歩んできたマネージャーのトム・パーカー氏（映画ではトム・ハンクスが演じていました）の戦略だったからです。そうすることがスターの神秘性を高め、人気を長持ちさせる秘訣だとスゴ腕マネージャーの彼は考えていたからでした。

バズ・ラーマン監督もオースティン・バトラーさんも、そうしたエピソードは、映画『エルヴィス』の制作を通じて山のように聞いていたのだそうです。だからこそ、日本人の私が、そもそもエルヴィスと交流があったことが不思議だったし、ましてや日本から行った夫婦がエルヴィスに結婚の証人になってもらうなどということは、「奇跡」としか思えなかったのでしょう。

「奇跡」を辞書で調べると、「常識では起こりえない不思議な出来事」とあります。

私がエルヴィスに会えたのは、人間の力や自然法則を超えた、何か神がかった〝あり得ないこと〟だったのでしょうか。でも、私は決してそうは思っていませんでしたし、今でも単にその時の私に起きた〝とても素敵な出来事〟だったと考えています。

ただ一つ言えるのは、私の人生は、その時々の「こうしたい」という心の声に素直に従って、一つひとつの道を選択してきただけのことなのです。

その選択が正しかったのか、そうでないのかはわかりません。こちらがダメなら、今度はあちらと、折れ曲がったりねじ曲がったりの、目的地だけがハッキリしているという明確な地図のない旅でした。

でも、その一見、一貫性のない選択の連続が、いつしか絡み合ってつながって、私を確実に一つの目的地に向かわせてくれたのです。

エルヴィスと会ったのが私の奇跡の一つだったとすれば、その後、私と田村さんは他にもたくさんの不思議議や奇跡を体験するのですが、そのお話はまた後の章ですることにして、まずはエルヴィス・プレスリーをめぐって、いったい私に何が起きたのかをお伝えすることにしましょう。

運命の歯車というのは常に、まだ何も気づかない時から回りはじめるものですよね。そしてどんな奇跡も、はじめから奇跡の顔などしていないのです。

第1章

15年後の奇跡

エルヴィスとの出会い

エルヴィス・プレスリーとの出会い

２０２２（令和４）年3月。広い試写室でたった一人、私は食い入るようにスクリーンを見つめていました。

映画の日本語字幕の監修の仕事です。映し出されていたのは、完成一歩手前の『エルヴィス』のフィルムでした。

エルヴィス・プレスリー役のオースティン・バトラーさんは、抜擢されてから2年以上にもわたって、エルヴィスの歌い方やしゃべり方などを徹底的に研究したのだそうで、時にヤンチャで、時にキュート。はにかんでうつむく表情などもエルヴィスを彷彿とさせる可愛いらしさで、胸がキュンとするやら、涙がにじむやら。

カリフォルニアのアナハイム生まれなのに、いつの間にかしゃべり方は南部訛りで、くぐもったような声までがエルヴィスにそっくりです。まるでエルヴィスの魂が乗り移ったような姿と、流れる懐かしい曲の数々に、私のなかで時間がスルスルと過去に巻き戻されていました。

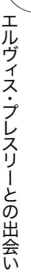

エルヴィスにつながる運命が最初に動き出したのは、20歳になった時のことです。当時の私は、中学生の頃からラジオのFENで聞き続けてきた洋楽に夢中でした。FENというのは「Far East Network（極東放送網）」の略で、もともとは米軍放送といって、戦後、日本を占領していた進駐軍の放送局が流していたものです。

まだ国内の民間放送局が今のようにたくさんある時代ではありません。ラジオのダイヤルをいくら回しても、聞こえてくるのは浪曲や大人向けの娯楽番組ばかり。「何か楽しい番組はないかな」と、ぐるぐるダイヤルを回しているうちに、ガーガー、ピーピーというノイズのなかから、ふわーっとそれまでには聴いたことのないような音楽が流れ出してきました。それが、まだ見ぬアメリカの音楽でした。

以来、私はすっかり50年代のアメリカン・ポップスのとりことなって、ドリス・デイやトニー・ベネット、ペリー・コモといった人たちの歌を聞くようになっていました。ところが高校2年生の時、とあることをきっかけとして、折しもアメリカで台頭してきたモダン・ジャズに惹かれて熱中するようになります。高校を卒業した19歳の時にはジャズの専門誌に熱心なジャズ評論の文章を投稿して、これが採用されて新進の女性ジャズ評論家としてデビューすることになるのですが、ひとまずそのことは横に置いておきましょう。

ある日、いつものように習慣的に周波数を合わせたFENから流れてきたのが、エルヴィス・プレスリーだったのです。

ジャズを聴き慣れた耳には、最初は「えっ！　何なの、これ？」でした。

それまでの誰とも違う歌唱法、圧倒的なパッション。もう何て言ったらいいのか、何かこう禁断の木の実を口にしてしまったような背徳感と甘美な戸惑い。胸騒ぎ。居ても立ってもいられないようなゾワゾワする感じ……。すべてがはじめての経験でした。

後でわかったのですが、その時流れていたのは、エルヴィスの最初のメジャーなヒット曲『ハートブレイク・ホテル』（1956〈昭和31〉年）でした。

その日から私のなかにエルヴィスが棲みついてしまったといっていいでしょう。もしかすると、日本ではすごく早い、一番乗りのエルヴィス・ファンだったのかもしれません。

というのも、その頃の日本は、海外の情報などほとんど入ってこない時代だったからです。「アメリカですごいロックン・ローラーが誕生したらしい」なんていう話を知っているのは、私のように進駐軍放送のラジオにかじりついている一部の洋楽ファンくらいで、一般の家庭にはまだテレビもなく、外の世界の出来事など知るすべもなかったからです。

ですから、日本でエルヴィス人気に火がつくまでは、本国アメリカとは少し時間差がありました。

それに比べると、ビートルズは事情が違います。

彼らがデビューしたのは1962(昭和37)年、東京オリンピックの2年前で、そのために海外からの情報がさまざまな電波を通して日本に入ってくるようになっていました。

さらに戦後の混乱を乗り越えて、日本人がやっと豊かになった頃でしたから、それまでは遠いアメリカにはあった贅沢品のテレビも、「家でオリンピックを見よう!」ということで、またたく間にお茶の間に普及していきました。

ビートルズの人気も、その電波を通じて日本に入ってきたのです。ロックという音楽ジャンルが若者に熱狂的に受け入れられ、「ギター買ってよ」と親にせがむ男の子たちが増えたのもその頃です。

黒人音楽と白人音楽の融合

ここで少しエルヴィスの生い立ちについて書かせてください。

エルヴィス・プレスリーは、アメリカ南部ミシシッピー州の貧しい白人家庭に生まれ育ちました。彼が住んでいたのは基本的に黒人居住区で、道一本隔てたところは黒人たちのコミュニティでした。

夕方になると、その道の向こうから、ギターを弾きながら歌うおじいさんのブルースが聞こえてきます。住民が集まる教会からは、賑やかな黒人たちの教会音楽、ゴスペルも聞こえてきます。

幼いエルヴィスは、そうした音楽に夢中になっていました。道をとことこ渡って教会の窓をのぞき込むなどして、毎日のように彼らの歌を聴いていたようです。

こうして、ごく自然に黒人音楽が、彼の血となり肉となっていったのですが、私が最初に彼の歌にたまらなく惹かれたのも、当時聴いていたジャズと同じルーツを感じたからだったのでしょう。エルヴィスの歌の背景には、広大なアメリカ南部の風景が広がっていました。

そしてもう一つ、白人の教会音楽も彼に影響を与えていました。アメリカ中西部や南東部にかけては「バイブルベルト（聖書地帯）」といって、キリスト教のさまざまな宗派の教会が集まる地域があります。エルヴィスが育った街もそうした一帯でした。

白人の教会音楽というと、美しいメロディの厳かな賛美歌を思い浮かべる人もいらっしゃるかもしれません。でも、バイブルベルトの教会では、宗派によっては、牧師さんや神父さんが神にうかされたように熱っぽく説教し、説法台に飛び乗って半ばトランス状態になって、語ったり、歌ったり、時に失神したりという場面もあったようです。

実際、下半身を激しく振りながら歌うエルヴィスのスタイルは、そうした聖職者の動きを真似たものだと、後に彼自身が語っています。

黒人のブルースやR&B、白人音楽。その両方がこうして融合し、それまでなかった斬新なロックンロールが生まれました。

可愛くて、かっこよくて、セクシー。そんなエルヴィスに、白人の女性たちは歓喜し熱狂しました。

ただ、その熱狂が全米に広がるにつれ、反発も生みました。例の彼独特のダンスが

「下品でみだら」「いかがわしい見世物」などと、保守的な人々や政治団体から叩かれたのです。あるテレビ番組では、上半身しか映してもらえなかったという有名なエピソードもあったくらいです。

彼は、ただ無邪気に自分が「最高！」と信じる音楽をやっていただけなのですが、アメリカは時に日本以上に保守的な国でもあります。エルヴィスへのバッシングは、私が聞いていた米軍放送からも聞こえてくることがあって、私のエルヴィスへの関心と好奇心は、なおのこと高まっていきました。

一生ミーハーでいたい

「出る杭は打たれる」という言葉があります。

何か新しいもの、理解できないものが登場すると、何とかしてそれをつぶそうというアンチ勢力が現れるのが、世の常です。

たとえばビートルズの来日公演（１９６６〈昭和41〉年）の時もそうでした。「ビートルズは青少年を不良にする」と大騒ぎになり、「コンサートに行ったら停学か退学処分」と決めた学校もあったし、会場の日本武道館に近づいたというだけで、3日間で約6500人もの少年少女が補導されました。

エルヴィスの場合も、「アメリカの青少年を不良にするような下品な黒人音楽を白人の茶の間に持ち込んだ」という差別的な理由で、当時のニュージャージー州知事から「エルヴィスのレコードを叩き割ろう」というキャンペーンを起こされたこともありました。

なぜこんなにも抑圧しようとするのでしょうか？　私には、そこにあるのは、理解できないもの、規制できないもの、支配できないものに対する恐怖心や嫉妬心のように思えてなりません。

それに比べると、大好きなスターを前に「キャーーー!!」と声援を送る女の子たちの、なんと純粋無垢なことでしょう！

映画『エルヴィス』にも何度かコンサートシーンが描かれていますが、ステージに詰め寄り、目をキラキラ輝かせて大喜びする彼女たちには、何の差別意識もイデオロギーもありません。エルヴィスを自分のものにしたいといった所有欲もありません。

ただ若くて美しい人間のオスに、本能的に反応しているだけのこと。同じ空間にいるのがうれしいだけ。私には彼女たちのキャーキャーという声が、可愛い小鳥のさえずりのように聞こえるのです。

抑圧する側のエネルギーは、常に相手を排除する方向に動いて、悪くすれば戦争につながりかねません。でも、女の子たちの自由で方向性を持たないエネルギーは、本能を突き動かし、明日を生きる生命力にもなるのです。

エルヴィスに対する50年代の抑圧とバッシング。そして、60年代のビートルズの来日で巻き起こった騒動は、まさに私が今のジェンダーの問題に気がつく入口となった出来事だったのです。

私の仕事は、元祖「推し活」

最近では、自分が応援する好きなアイドルやアーティストを〝推し〟といいますが、当時の私にとって、エルヴィスは間違いなくナンバーワンの〝推し〟でした。

その後、ジャズの評論をきっかけに、アメリカの音楽を雑誌やラジオで紹介するお仕事をいただいた私は、エルヴィスについて数え切れないほどの原稿を書き、語り、ラジオでは彼の曲を何百回も何千回も流しました。

とにかく大好きな彼の魅力と、エルヴィスがアメリカの、そして世界の大衆音楽史に残した貴重な出来事を、一人でも多くの日本人に知ってほしかったのです。

振り返ってみれば、この「好き」というまさにミーハーな気持ちが、これまでの私のすべての仕事の原動力になっているのです。

はじめてエルヴィスを聞いた時もそうでしたが、直感的に「あっ！　これ、いいな」「これって大好き‼」と思ったら、まったく無名の誰だかわからないアーティストでも夢中になって探してきて聞く。まだ11歳だったマイケル・ジャクソンを聴いた時もそうでした。ビートルズの『抱きしめたい』を聴いた時もそうでした。

「わー、ちょっと何？　これ。この子たちスゴイ！」

そして夢中になったら、ものすごい勢いで必死に情報を集めて、彼らの素晴らしさを雑誌に書きまくり、ラジオでしゃべりまくります。音楽評論家なんていうと何だかエラそうな肩書きですが、私の仕事は、推しのスターを応援する〝推し活〟そのものといってもいいかもしれません。

純粋なミーハー精神の発露ですから、自分が「いい」と思わなければ推すことはありませんし、レコード会社に頼まれて宣伝することもありません。誰かに頼まれたり、気に入られたくて特定のアーティストを褒めることもありません。

「そんなやり方で、よく何十年も評論家の仕事が続けられましたね」と、感心してくださる方もいます。

でもそれは、私に才能があったからでも、特別だったからでもありません。むしろその逆で、私はとても平凡で平均的な人間だと思うのです。

たとえば、100人中、70人か80人が「この花はきれい」と思うとします。100人中、70人か80人が「これは美味しい」と思うとします。すると、私という人間は、いつも必ずその70人か80人のなかにいるのです。

つまり、私は多数派の〝ザ・大衆〟なのでしょう。だから、私が無邪気に熱を上げたアーティストが、いつか必然的に時代を代表するようなスターになっていくのだと思います。

Jazz評論家として忙しくなった頃。1963年。

もう一つ、私が運がよかったとすれば、ファンになった彼らのアーティスト生命が長かったことです。打ち上げ花火のようにパッと売れて消えてしまったとか、スターダムに上り詰める前に事故死してしまった……などという短命の人はいませんでした。みな長く活躍し、その分、私の書きたいこと、伝えたいことも尽きることがありませんでした。

彼らもまた、強運の持ち主だったということです。そしておもしろいことに、人はその運の強さや生命力に、どうしようもなく惹きつけられるものなのです。

「推し活」、海を渡る！

さて、話を元に戻しましょう。

時は、1964（昭和39）年、東京オリンピックが開催される予定の年。

この一大イベントを前に、日本中が沸き立っていました。敗戦からの完全復活や、経済大国へ向かう日本の姿を世界にアピールするチャンスとばかりに、東京の街も大改造がはじまりました。

「オリンピックまであと〇日！」

横断幕に掲げられた言葉とともに、東海道新幹線、首都高速、地下鉄……と、さまざまなインフラ工事が、急ピッチで進められていきました。

そんななか、私が期待に胸をふくらませていたのは、オリンピックより何より、海外旅行の自由化でした。

エルヴィスが住むアメリカに、どうしても行ってみたい。

できることなら、ひと目でいいからエルヴィスに会いたい！

これぞまさに究極の推し活です。私はミーハー精神全開で、その日を待ち望んでいました。

実際に個人の海外旅行が解禁されたのは、オリンピックの年の4月1日のことでした。渡航できるのは年1回限り。1ドル＝３６０円の時代で、持ち出し外貨は５００ドルまでという制限はありましたが、これでようやく憧れのアメリカへ行けたのです。

オリンピックの開会式から5日後の10月15日午後10時。日本中がこの世紀の祭典に釘付けになるなか、私はたった一人、羽田空港から最初の目的地ハワイへ向けて飛び立ちました。

飛行機のチケット代だけでも確か36万円。今の価値に換算すると約160万円です。この飛行機代とホテル代は旅行会社に24回払いのローンを組んでもらって、手元のお金をかき集めての出発でした。

波乱のアメリカ初上陸

日本を発つ時、知人の永島達司さんという方から3通の紹介状をいただきました。永島さんは、日本初のタレント招へい会社「協同企画」(現・キョードー東京)の創業者で、戦後、海外アーティストの日本公演を手がけた第一人者。ビートルズの来日公演を仕切ったのも彼でした。

そんな方ですから、アメリカの音楽業界とも強い交流とコネクションをお持ちです。そのなかからアメリカ滞在中に私の助けになってくれそうな人を3人、ピックアップしてくださったのです。エルヴィスに憧れての旅とはいえ、評論家として現地の音楽事情をレポートしたいとはりきっていた私にとって、それはとても心強いサポートでした。

その紹介状の1通目が、ハワイのホノルルで永島さんと同じくショウの興行と招へい会社を経営されていた、日系2世のラルフ円福《エンプク》さんでした。

円福さんは、日本とロサンゼルスの中継点であるハワイでアメリカのアーティストを日本に送り込んだり、逆に日本の大相撲や当時人気だった木下サーカスのアメリカ巡業を手配するなど、やり手のプロモーターさんでした。

ハワイに着いた翌日、私は早速、円福さんにお電話をして、翌朝6時に会うという約束を取り付けました。

6時という時間は、あちらから指定された時間です。そんなに早い時間に起きることはめったになかったし、時差ボケもあってちゃんと起きられるか心配でしたが、何とか支度をして指定されたホテルのロビーに下りていきました。

ところが30分待っても誰も来ない、1時間待っても、1時間半待っても来ない。

今のように携帯電話などありませんから、「一度部屋に戻って電話してみようかな。でも、その間に入れ違いになったら困るし……」などとあれこれ考えているうちに、とうとう2時間。ようやく「レイコ？」と近づいてきたのは、白いヒゲを生やしたサンタクロースのようなアメリカ人のおじさんでした。

ミスター・エンプクが待っているからと表に案内されると、そこには大きくてピカピカのサンダーバードが停まっていて、運転席にいたのが円福さんでした。

助手席に座ると、彼は黙ったまま車を走らせました。チラッと横顔を見ると、浅黒く日に焼けて険しい表情をした、いかにも恐そうな感じの人です。

それにしても、こんなに人を待たせておいて、口もきかない。ひと言の謝罪もない。なんて失礼な人だろう。そう思った矢先です。

「この忙しい時に、あんた、何しに来たの？」

いきなりの先制パンチが飛んできました。すごい言われように動揺しながらも、私はできるだけ冷静に答えました。

「ナット・キング・コール（※1）とミルス・ブラザーズ（※2）がハワイにいると聞いているので、彼らとインタビューがしたくてまいりました」

すると、円福さんはいきなりキキーッと派手な音をたててブレーキを踏むと、車を路肩に寄せました。

「あんた、ホステスじゃないの？」

「いいえ、違います。音楽ジャーナリストで、ラジオのＤＪなどもしています」

円福さんは、はじめて私を正面からまともに見ました。

「おお、マイ・ガッド！　なんてことだ。アイム・ソーリー、本当にごめんなさい」

後で聞くと、ドルが高額だったあの頃、海外旅行ができるのは若い女性であれば売れっ子のホステスさんくらいで、私もその類だと思い込んでいたのだそうです。「タツ永島も、なんでこの忙しい時にまたホステスを紹介してきたんだろう」と、内心腹を立てていたというのです。

今となれば笑い話ですが、ともかく私のはじめてのアメリカの旅は、こんな波乱の幕開けでした。

ただ、誤解がとけてからは、円福さんはとても大切な親しい友人になりました。

その日は、ナット・キング・コールとの遅い朝食に私も飛び入りで参加させていただいた上に、夜にはディナーに招待してくださいました。

エルヴィスのこと、戦争のこと、日本のこと、それぞれの境遇……。私たちは何時間も語り明かしました。

円福さんも、戦争中はハワイ生まれの日系2世として苦労されて、あえて日本には帰らず、アメリカ軍の442日系2世部隊に加わってヨーロッパの戦線で勇猛果敢な活躍を見せ、戦後に日系の人がハワイの知事として選ばれるなどの結果につながっています。

そして、私の父や兄が海軍の軍人であったことや、長兄がフィリピンで戦死をしていること、海軍元帥の山本五十六という人が父の義理のイトコだったことなどを知って、私をとてもリスペクトしてくださって、翌年には私の母をわざわざハワイまで招待してくださったのでした。

お互い年齢も育った環境も違います。でも、こうして出会うことは、はじめから決まっていたような、何か不思議なご縁を感じます。実際、円福さんが90年代に亡くなるまで、私は毎年のようにハワイでお目にかかってきました。そして、10年後、私と未来の夫・田村さんが出会うきっかけとなったのも、元を正せば、この円福さんだったのです。

※1　ナット・キング・コール（1919年～1965年）　米ジャズ・ピアニストで歌手。『モナ・リザ』『スターダスト』などのヴォーカルでも知られる。

※2　ミルス・ブラザーズ　米オハイオ州出身の黒人4人兄弟からなる、男性ジャズ・コーラスの草分け的存在。

エルヴィスを探し求めて

ホノルルを離れて次に訪れたニューヨークは、私が長年、愛し続けてきたモダン・ジャズの聖地です。FENやレコードで聴いていたミュージシャンたちが実際に演奏しているクラブが街のあちこちにあって、私はもう大感激！

音楽の殿堂として有名な「カーネギーホール」でオスカー・ピーターソン（※3）のトリオの演奏を聴き、老舗のナイトクラブ「コパカバーナ」ではトニー・ベネット（※4）のステージを見て、当時ニューヨークに住んでいらした作曲家の中村八大さんとは、コニー・フランシス（※5）のディナーショーにご一緒し、幸せな時間をすごしました。

そんな音楽三昧の日々の様子は、「ミュージック・ライフ」という雑誌で「れい子のアメリカ滞在記」という記事になりました。若い日本人女性の旅行記自体が珍しかったし、海外の生の情報に飢えていた時代だったからでしょう。おかげさまで好評をいただき、私のアメリカ滞在も大成功でした。

ただ一つ心残りがあるとすれば、それはエルヴィスのことです。ニューヨークではそれぞれ貴重な経験をしましたが、エルヴィスとつながる糸はまだ見つかっていませんでした。

ほんのわずかでも彼に会えるチャンスがあるとすれば、それはロサンゼルスです。当時のエルヴィスは何本もの映画撮影の契約があったため、ハリウッドを拠点として滞在していたからです。

※3　オスカー・ピーターソン（1925年〜2007年）カナダ出身のジャズ・ピアニスト、作曲家。故郷カナダでは1ドルコインの肖像にもなった英雄。

※4　トニー・ベネット（1926年〜2023年）ポピュラー&ジャズ歌手。グラミー賞20回、エミー賞2回受賞したアメリカを代表するエンターティナー。

※5　コニー・フランシス（1938年〜）米・歌手、女優。世界各国でヒット曲がカバーされており、日本では弘田三枝子や中尾ミエのカバーで知られる。

アメリカでラジオに出演

永島さんからいただいた紹介状には、アメリカのレコード業界誌として現在も著名な「ビルボード」誌の編集長宛のものがありました。

編集部を訪ねて行った私にランチをご馳走してくださったジトー編集長は、私が自分の仕事を紹介するために持参した日本の雑誌「ミュージック・ライフ」を手に取り、アメリカにもまだなかったような立派な厚紙の表紙や、明らかに日本のカメラマンが撮影したビートルズ４人のカラー写真などを眺めて、本当に口をポカンと開けるほどビックリしていました。

瞬時に、日本の音楽マーケットの力が、自分の考えていた以上だと感じ取ったのでしょう。その場ですぐにニューヨークのラジオ局が放送していた昼間の番組にゲストとして出演して、見てきたばかりのトニー・ベネットやコニー・フランシスのショウの感想を聞かせてほしいと依頼されたのでした。

もとよりそんな流暢な英語力があるわけではありませんでしたから躊躇しましたが、

「たどたどしい英語のほうが好感を持たれるから」と言われて、しぶしぶ納得。今ではどこのステーションだったかも忘れてしまいましたけれど、午後の生放送にゲストとして出演。楽しくおしゃべりをしていた最中に、なんと！　当時すでにピアニストとして有名だったデイヴ・ブルーベックさんから電話がかかってきたのです。

デイヴ・ブルーベックは、私が1952年に最初に深くはまり込んだモダン・ジャズのアーティストで、『ジャズ・アット・ストーリーヴィル（Jazz At Storyville）』という、まだできたてのLPレコードを夢中で聞いていた、その人でした。

そして私がアメリカに行った年の5月に初来日。コンサートを聞きに行ったのはもちろんのこと、インタビューも申し込んで対面する夢が叶いました。すごく真面目で街にも出ていなかったらしいデイヴを誘って、夜は私が青山二丁目あたりにあった作曲家のいずみたくさんのピアノ・バーに連れて行って、いずみさんとデイヴにうまく乗せられて、デイヴのピアノで下手な『マイ・ファニー・ヴァレンタイン』を歌ったりしていたのです。

それから半年も経っていない時でしたから、ラジオから突然、私の声が聞こえたデイヴはびっくりして、「どうしてニューヨークに来ているの!?」と電話してくれたのでしょう。

かえってびっくりしたのが放送局と、その放送を聞いていた「ビルボード」の編集長さんのほうで、今度は私に、当時、TVの人気番組だった「私の秘密」に出ないかという話を持ち込まれたのでした。

「私の秘密」に出演した日本人は3人だけ

この「私の秘密」はCBSで毎週放送されていた生番組で、ゲストで登場した人の職業や素顔を、有名な出演者のパネリストたちが当てていくというものでした。それをそっくり真似たものか、日本のテレビでも同様の番組を放送して人気でした。

「あなたの職業がパネリストからの20問の質問で当てられなかったら、賞金が500ドルもらえる」と言われて、ためらいもせずに出演をOK。なぜなら、この初渡米の時、日本から持ち出せるお金の最高金額が500ドルだったからです。

もし、この貧乏旅行で新しく500ドルももらえたりしたら、アメリカからまっすぐ日本に帰らずに、ビートルズがいるイギリスにも寄って帰れる!! と意気込んで、

TV局からリクエストされるまま中村八大さんの奥様から和服をお借りして、「私の秘密」に出演することになりました。

番組最後には、私の「ラジオの人気DJ」という職業は当てられてしまいましたが、実は番組の放映が予定よりも2週間も延びて待たされることになったため、その間に、私の希望でロサンゼルスとラスベガスまで行って帰ってこられる飛行機のチケット代とホテルの滞在費を、CBSが喜んで払ってくれたのです。総額は500ドルどころではありません。本当によい時代でした。

ただこの頃はまだ世の中にビデオテープが生まれていなかったために、生放送はその時だけのオン・エアで終わっていて、私は自分では生涯見られないものと考えていました。

ところが、その日から50年が経って、著作権の縛りがなくなったらしい今から10年ほど前に、突然、その放送がアメリカからYouTubeにアップされたのです。私のところには、ファンの方がわざわざ日本語のスーパーまで入れてくださったDVDが届けられて、本当にびっくりしたものでした。お金持ちだったCBSは、まだビデオテープはなかったけれど、記録のために全放送番組をフィルムで同時収録していたのでしょう。

この番組に出演したお陰はいろいろとあって、「あの60年代にすでに『私の秘密』に出ていた音楽ジャーナリストだった」ということが、その後のアメリカ音楽業界での私の身元保証になってくれたことはとても大きかったようです。

日本人としてこの番組に出演したのは、レナード・バーンスタインのお弟子さんとしてニューヨーク・フィルを指揮することになった若き日の小澤征爾さんと、もう一人、ジャズ・シンガーとして渡米、マーロン・ブランド主演の映画「サヨナラ」に出演し、東洋人として初のアカデミー助演女優賞を受賞したミヨシ・ウメキ（ナンシー梅木）さんしかいないという時代でしたから、日本では考えられないほどのサポートになってくれたのでした。

日本では、このことをたったの1行でも書いてくれた雑誌や新聞はありませんでしたけれど。

そして永島さんからいただいた残り1通の紹介状は、「私の秘密」の放送までの間に寄り道をしたロサンゼルスの大きなエージェント、GACの社長ヘンリー・ミラーさん（作家とは同名異人）への紹介状でした。

「会いたい」気持ちがパワーのモト

GACは、多くの有名ミュージシャンを抱える事務所でした。

パット・ブーンもその一人で、彼は『砂に書いたラブレター』や『四月の恋』などのヒット曲で知られる、日本でも大人気だったシンガーです。

彼とはデイヴ・ブルーベックと同じように、来日公演の司会を務めさせてもらったのが縁で交流がありました。

パットはとても敬虔なクリスチャンで、とにかく真面目。お酒もいっさい飲みません。せっかく来日しても、ステージで歌う以外はホテルにこもりきりです。そんな彼に少しは東京の街を楽しんでほし

「To Reiko with warm wishes」と書かれたパット・ブーンのサイン。

くて、パットに毛糸の帽子とマスクで変装してもらって、先ほどもデイヴ・ブルーベックを連れて行った、作曲家のいずみたくさんのピアノ・バーに連れて行きました。ちょっぴり冒険気分を味わったパットはいかにも楽しそうで、店では一緒にピアノを弾いたり歌ったりして、すっかり仲良しになったのでした。

パットは当時、まさにエルヴィスとアメリカの人気を二分している大スターでしたから、私は彼にこんなお願いをしていたのです。

「アメリカに行けるようになったら、あなたを訪ねて行ってもいい？　そしてエルヴィスに会わせてほしいの」

というわけで、いよいよその時がやってきたのでした。

紹介状の宛先がパットの所属事務所でもあったのは、ラッキーな偶然です。

ロサンゼルスに着いた私は、翌朝すぐにパットとGACの社長ヘンリー・ミラー氏を訪ねました。「エルヴィスと会える機会をつくっていただけませんか？」と。

すると、パットはもちろんのこと、ミラー氏も「もちろんジャーナリストとしてのあなたの頼みなら」と、二つ返事で力を貸してくださることになったのです。

エルヴィスはすでに世界的な大スターでしたし、アメリカでもいっさいインタビューを受けないことで有名でした。そう簡単に会えるとは思っていませんでしたが、自分がやれることは全部やってみなければ、何がどう変わるかはわかりません。

今でもよく「すごい行動力ですね」と言われますが、これも「会いたい」という気持ちが爆発的なエネルギーとなって、私の背中を素直に押してくれたからなのです。


そういえば、ロサンゼルスでの滞在先を、あの頃の私には分不相応な高級ホテルに決めたのも、単純な発想からでした。もしかしてエルヴィスに会えるかもしれない。でもその時に安いモーテルなんかに泊まっていたら、まず社会的に信用してもらえないだろう、と考えたからです。会える日を夢見て、ハリウッドの一等地にあるビバリーウィルシャー・ホテルという、1泊20ドル（今の料金だと1泊30万円以上）もするバカ高いホテルに5日も部屋をとったのです。

ある日、部屋の清掃係の黒人のおばさんに、「どこから来たの？」と声をかけられたのは、多分、若い女の子の一人旅を心配してくれたからでしょう。

「日本からです」

「へえ、何しに来たの？」

「エルヴィス・プレスリーに会いに来ました」

するとおばさんは「ワォ！」と目を丸くして驚きました。

「ええっ？　エルヴィスに会えるの？」

「いいえ、わかりません。でも、会いたいんです」

おばさんは、そんな私に調子を合わせてくれたのか、「いいことを思いついたわ！」と言わんばかりの表情で、「私の友達が、エルヴィスのマネージャーのオフィスをお掃除しているのよ。今度、頼んであげるからね」と、真顔で言ってくれたのです。

「うれしい。ぜひお願いします！」

もちろん、本気であてにしたわけではありませんけれど、エルヴィスという言葉を出してこんな会話ができるだけでも、私には夢のように幸せな時間でした。

パット・ブーンとミラー社長から連絡があったのは、その頃です。結論からいえば、やはり願いは叶いませんでした。

プロローグに書いたように、エルヴィスのマネージャーは、たとえ相手がどこかの国の王様か貴族、大富豪だろうが超有名人だろうが、エルヴィスには絶対に会わせないことでも知られていました。私だけ特別なんてことはあり得なかったのでしょう。

でも、エルヴィスのお父さんのヴァーノン・プレスリーさんとはパットを通して連絡がついて、私は日本でのエルヴィスの人気を伝え、ぜひ会わせてほしいとお願いをしました。そしてヴァーノンもできる限り息子に伝えるとは言ってはくれたのですが、結果は同じでした。

いよいよロサンゼルスを発つ時、眼下に広がる街の灯りを見つめながら、私の目からは涙がポロポロとこぼれたものでした。

奇跡は長い日々の積み重ね

結局、私がエルヴィスと正式に会えたのは、1971（昭和46）年8月のことでした。はじめてエルヴィスの歌を聴いた日から15年の月日が流れていました。

でも、エルヴィスから結婚のお祝いをしてもらえたのは、それからさらに2年後の1973年のことでした。この時はラスヴェガスでエルヴィスのショウを見て、同行していたレコード会社のエルヴィス担当の人や、同業者の音楽評論家の福田一郎先生などとご一緒に、みなさん感激の初対面。私自身は、1972年の11月にエルヴィスのハワイ公演があり、この時に二度目の対面をしていました。

そしてマネージャーのトム・パーカー氏や、彼の女房役と言われるセカンド・マネージャーのトム・ディスキン氏と仲良くなった結果、エルヴィスに結婚のお祝いをしてもらえたことは、最初にバズ・ラーマン監督が言ったように、確かに「奇跡」だったのかもしれません。でも、その奇跡が起こる前には、こんな長い日々の積み重ねがあったというわけです。

よくある引き寄せの法則では「思えば、叶う」という言葉を耳にします。でも、思っただけで夢は叶いません。会いたいと思った憧れの人が、翌日通りの向こうから手を振ってくれるなんて、そんな都合のいい話はそうそう起こらないし、もし手を振ってくれたとしても、それだけで終わってしまったら何の意味もありません。

会いたい人がいたから、不可能だと思うことにも何度もチャレンジできましたし、そのたびに知り合いが増えてもいきました。

その道の途中で、さまざまな出会いがあり、たくさんの学びがあったのです。

今となっては、その一つひとつが私の宝ものになって、私の生きる力になってくれているのだと思います。

第2章

ダイヤモンドに導かれて

エイトスター・ダイヤモンドが起こした奇跡

キューピッドはエルヴィス・プレスリー

エルヴィス・プレスリーからお祝いをしてもらって、結婚の証人としてサインしてもらうなんて、まさに奇跡中の奇跡！

バズ・ラーマン監督から、そんなふうに感嘆された私と田村さんの結婚でした。

そもそも私たち2人が出会ったきっかけもまたエルヴィスだったのです。

東京オリンピックの年から8年後の1972（昭和47）年、夏。

最初の渡米の時にハワイでお目にかかって以来、親交が続いていたプロモーターのラルフ円福さんから、1本の電話がかかってきました。

その年の11月に、エルヴィスがハワイでコンサートを行うというのです。会場は、HIC（ホノルル・インターナショナル・センター／現在のニール・S・ブレイズデル・センター）。当時のハワイでは最も巨大なアリーナ型のホールで、円福さんのオフィスもそのセンターのなかにありました。

「今らなら200枚でも500枚でもチケットが取れるけど、れい子さん欲しい？」

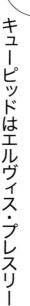

「もちろんです。欲しい！　欲しい！」

夢のようなお話に飛び上がるような気持ちで、200枚のチケットを用意していただくことにしました。

そんなに大量にどうするの？　と思われるかもしれません。

でも、私にはあてがありました。当時は大橋巨泉さん司会の『11pm（イレブンピーエム）』という人気テレビ番組があったのですが、近くその番組に私もゲスト出演することになっていました。だからその場をお借りして、コンサート観覧者募集の告知をさせていただこうと考えたのです。

「私と一緒に、エルヴィス・プレスリーを見にハワイへ行きませんか？」

という番組での呼びかけは、想像以上の反響を呼びました。

日本でもちょうど『エルヴィス・オン・ステージ』というドキュメンタリー映画が大ヒットしたばかりで、レコードも売れに売れていた頃です。直後からテレビ局の電話回線がパンクするほどの大騒ぎとなり、結局、抽選で200名の方をお連れしてハワイへ行くことになりました。

その200人のなかの一人が、後に夫になった人、田村駿禮という人でした。

田村さんは大学生時代からエルヴィスの熱心なファンで、在学中にはバンド活動にも参加して、もっぱらエルヴィスのナンバーをレパートリーにしていたそうです。そんな人でしたから、ハワイの情報を知って、我こそはと応募してきたというわけです。

当時の彼は、「オーディオ&ビデオ」というソニーのオーディオ製品を販売する会社の経営者でした。32歳という若さながら、全国各地に営業所を展開し、400人を超えるセールスマンを抱えて大成功していたようでした。エルヴィスのコンサートには、そのセールスマンのなかでも優秀なトップ20人を報奨がてら引き連れての参加でした。

「こんな素晴らしい機会をいただいて、本当にありがとうございました」

コンサート終了後、感動と興奮さめやらぬ表情で挨拶に来てくれたのが、私が田村さんとはじめて会った瞬間でした。名刺を交換し、少し会話を交わしたものの、まさか翌年、その人と結婚するなどとは夢にも思っていませんでした。運命とは不思議なものです。

奇跡の世界36か国同時サテライト生中継

年が明けた1973（昭和48）年1月14日。同じハワイのHICで、再びエルヴィス・プレスリーのコンサートが開催されました。

今回は、『アロハ・フロム・ハワイ』と題して、コンサートの一部始終を、報道用のサテライト（人工衛星）を使って全世界に同時生中継するという、人類史上はじめてのチャレンジでした。この時のことは、映画『エルヴィス』のなかでも「10億人が見た」と紹介されていましたし、ネットのウィキペディアでは全世界38か国で放映され、10億人以上の人が見たと紹介されています。それほどスケールの大きなイベントだったのです。

日本でもたいへんな騒ぎでした。放送が開始されたのは日本時間の夜7時。家庭のテレビに流れるだけでなく、東京では都内3か所の特設ステージに観客を集め、徳光和夫さんの司会で、巨大スクリーンで生放送を楽しむというお祭りのような催しも行われました。

ただ、今だから言えることですが、残念なことにこの「10億人が見た」というのは、まったくの眉唾ものでした。世界同時生中継といいますが、コンサートがはじまったのはハワイの現地時間で夜中の12時です。その時間、ロサンゼルスは午前2時、ニューヨークは午前5時ですから、たとえ放送されたとしても、ほとんどの人は就寝中でしょう。

ちょうどいい時間帯といえば、日本をはじめ、フィリピン、韓国、ベトナム、シンガポール……などアジアの国々ですが、当時、日本以外はテレビがそこまで普及していた国自体があったのかどうか。

今、この時の事情をネットで調べてみると、「日本では夜7時というゴールデンタイムで中継され、視聴率37・8パーセントを叩き出した。アメリカでは33・8パーセント、フィリピン91〜92パーセント、香港70〜80パーセント、韓国70〜80パーセントを記録した。当時はまだ長時間の衛星生中継技術が未熟であり、NBC-TVは本放送時の映像送受信トラブル対策のため、本番さながらに行われた前々日のリハーサルコンサートが収録された」と記述されています。

この『アロハ・フロム・ハワイ』のコンサートシーンにハワイの風景などをちりばめた縮小版が、スポンサーとしてお金を出したニューヨークのNBCを拠点に、4月

4日に放映されたという記述がネットにある他、実は8月のゴールデンタイムに放送されたという証言もあるのですが、本国のエルヴィス・エンタープライズそのものが、今もって人類最初で最後の衛星放送を使っての生放送だったと信じているのですから、どうにも否定のしようがありません。

エルヴィスが死ぬまで知らなかった真実

実は、これも奇跡といえば奇跡のような話なのですが、2024年になってこの時のことをちゃんと調べて書いてみようと考えていたところ、古いエルヴィス・ファンで私の親しい音楽評論家の木崎義二さんが撮った秘蔵の写真集が日本で出版されることになったというので、私はそこに、マネージャーのトム・パーカー氏がエルヴィスをだまし続けるためにだけついた大嘘をあばく文章を載せてもらうことにしました。そして、エルヴィスの権利関係のいっさいを管理している事務所宛にも、この事実のリポートが英文になったものを送ったのです。

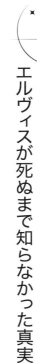

そんなことにあまり興味のない方にとってはどうでもいい話なので、長い話を簡潔にご説明すると、奥さんだったプリシラ・プレスリーが、たった一人の愛娘リサ・マリー・プレスリーを連れて空手の教師と駆け落ちして以降、エルヴィスは契約に縛られて繰り返し行われたラスベガスのショウにうんざりしていて、孤独と疲労に苦しんでいました。そして何度も日本とヨーロッパに行きたいとマネージャーに頼むようになっていたのです。

私自身、1971年の8月に最初にエルヴィスに会った時も、それ以降も、エルヴィスに会う度に、ぜひ来日してほしいと頼み続けていましたし、ビートルズを呼んだキョードー東京のプロモーターの永島達司さんも、マネージャーのトム・パーカー氏と正式に来日交渉をしておいででした。

でもこれはエルヴィスが死ぬまで知らなかったことなのですが、バズ・ラーマン監督の映画「エルヴィス」にも出てきたように、トム・パーカー氏はオランダ生まれで、16歳か17歳だった時に港町のロッテルダムで船員となり、乗っていた船がアメリカのどこかに入港した際に海に飛び込んで不法入国をしたという人でしたから、生涯パスポートを持っていない不法移民だったのです。

だからエルヴィスが軍の船や飛行機で移動する場合や、同じアメリカ国内のハワイなら行けるけれど、日本やヨーロッパとなったら彼はついて行くことができなかったわけです。

結論だけを申し上げると、わざわざハワイから衛星サテライトを使って全世界の生放送なんていうのはとんでもない大嘘の大芝居で、「日本のゴールデンタイムの放送だから、コンサートで行くよりも、日本人全員がリビングであんたに会えるんだ」とでも言ってエルヴィスをだましたのでしょうね。

折しも日本テレビが1973年に設立20周年を記念してエルヴィスの来日を要請していたこともあり、トム・パーカーは電通を通して日テレを口説いて、この「人類初の衛星生中継コンサート」を、電波の不具合でいつ放送そのものが飛んでしまうかもわからない危険を犯してまで無理やり成功させたのでした。

この時の一部始終のいきさつは、生放送の担当責任者だった音楽プロデューサーのギューちゃんこと牛窪成弘さんが仲の良い友人なので、こと細かく聞かせていただいてもいました。

だから今も、人生最後まで何度も「日本に行きたい」と口にしながら、その望みが叶わず、「国外に出たら、真っ先にテロの標的にされる」とトム・パーカー氏に脅かされて、最後はアメリカ国内をぐるぐるとショウで回されながら、孤独地獄のなか42

歳という若さで死んでしまったエルヴィスのことを考えると胸が痛みます。私は合計3回、エルヴィスに会って話すことができたけれど、何とかもっと日本に来る話ができなかったものか、エルヴィスの望みを叶えてあげられなかったものか……と。

そのような経緯はともかく、実際は日本以外の国にはほとんど放送もされなかったことをエルヴィスサイドがちゃんと認識していなかったとも思えませんけれど、マネージャーのトム・パーカー氏は、この番組の企画の段階から新聞記者を集めて、全世界36か国に衛星中継されると発表していましたから、その結果として、エルヴィスのアルバムがよく売れたのです。そのため、ファンが多いイギリスでは放送さえもされなかったということに、注意を払う人はいなかったのかもしれません。

要するに『アロハ・フロム・ハワイ』というコンサートは、日本のゴールデンタイムを意識して、日本のファンに向けてだけ届けられたものだったのです。

エルヴィスは日本と日本人が本当に大好きでした。心から日本の空手を愛し、先生について稽古に打ち込み、最終的には黒帯を取ったほどです。かつて私が「もし日本に行けるとしたら、どこを訪ねたいですか？」と質問した時も、目を輝かせて「自分は日本の武術を尊敬していますので、空手の道場があるという講道館に行きたいです」と答えてくれたことは、今も忘れられません。

そんなエルヴィスですから、さぞ日本には来たかったことでしょう。

それでも、第1章にも書いたように、不法移民だったマネージャーのトム・パーカー氏の答えはいつも「ノー」で、日本だけでなく、エルヴィスを海外に出すことはいっさいありませんでした。


日本側の責任者として現場で指揮をとったディレクターの牛窪成弘さんは、後に、当時を振り返ってこうおっしゃいました。

「あの頃の衛星回線は、今と違ってノイズだらけだったりブチブチ切れたりで、本当に1時間もちゃんとつながり続けるなどあり得ないことだったから、我々はとんでもない綱渡りをしたんですよね」

そんなあり得ない綱渡りを、結果、無事に渡りきってしまったのですから、あの放送こそまさに奇跡だったのだと思います。

田村さんからの思わぬ申し出

私はその奇跡の瞬間を、自宅のテレビの前に陣取って一心に見つめていました。

『アロハ・フロム・ハワイ』は、放送後すぐにLPレコードとして発売されることになっていて、私はそこにつけるライナーノーツ（解説書）の原稿を依頼されていたためにエルヴィスの動きを一瞬たりとも見逃すまいと、ペンを手にメモを取っていたのですが、感動でボロボロと涙を流したりと、目まぐるしく幸せな時間が流れました。

そしてエンディングが近づくと「あぁ、終わっちゃう、終わっちゃう！」と悲しくなって、そのまま時が止まればいいのにと叫びたい気持ちでした。

何しろ生涯にたった一度しか見られない生放送なのですから……。

ところが、翌日かかってきた1本の電話に、私は驚かされることになります。

電話の主は田村さんで、あろうことか「昨夜の放送、もう一度ご覧になりたいですか？」と言うのです。

「えっ!?　まさか、そんなことができるんですか!?」

とびっくりして聞けば、彼が販売を請け負っているソニーから、「ビデオデッキ」というものが一般向けに発売されたのだそうです。

デジタル化が進んだ今となっては、ビデオでさえも過去のものですが、当時としては画期的な映像機器でした。これさえあれば、テレビでも映画でも、家で録画して何度でも見られるというのですから、まるで魔法のような機械だったのです。

さすがにお値段は高く、私が購入したのは確か42万円ほどだったでしょうか。24回ローンにしてもらったものの、当時はハワイ行きの航空券よりも高い買い物でした。

田村さんにとっては、私は気前の良いお客さんの一人だったのかもしれませんが、エルヴィスが仲を取り持ってくれたということもあって、それからはどんどん会う機会が増えていき、私の仲の良い音楽関係の友人たちも交えて、一緒にいる時間が多くなっていったのです。

そしてその結果、まだローンも払い終わらない半年後の1973年8月、私たちは結婚。田村さんに言わせると「ビデオ・デッキを売ったら嫁さんがついてきた」そうですが、本当に人と人とのご縁は、何がきっかけになるかわからないものですね。

ところで、エルヴィス・プレスリーが、なぜ私たちの結婚証明書に証人のサインをしてくれたのか？　ここでその種明かしをしたいと思います。

前に書いたように、マネージャーのトム・パーカー氏は、エルヴィスを外部の人間には決して会わせないことで有名でした。彼とは顔見知りになっていた私でも、「頼まれるままに世界中のプリンスやプリンセスの結婚に関わっていたら、エルヴィスのスケジュール表は5年先まで真っ黒になってしまう。相手がたとえ王室の人だろうと、大統領の娘だろうと無理な話だよ」と、一度はきっぱりと断られました。

けれども、そこで私を助けてくれたのが、私がライナーノーツを書いた『アロハ・フロム・ハワイ』のアルバムでした。

生放送の後で緊急発売された同名のレコードは、国内だけで30万枚セールスを超える大ヒットになっていました。そこで、それを表彰するゴールドディスク（記念のレコード）を、私がプレゼンターとなって、直接エルヴィス・プレスリーに贈呈したいとオファーしてみたのです。

半分は本当、半分はエルヴィスと会って結婚の証人になってもらうための口実もありましたけれど、パーカー氏もわかっていたのでしょう。「それなら喜んでお受けします。どうぞお越しください」という公式の返信とともに、「その折りには、婚約者の方もどうぞお連れください」という粋な一文も添えられていました。

映画『エルヴィス』のなかでは、エルヴィスを搾取し続けたとんでもない悪党のように描かれていたパーカー氏ですが、そんな憎めない、実は人情に厚い優しい面も持ち合わせていたのです。

そんなふうにパズルのピースを一つひとつはめ込んでいくうちに、ある日、気づいてみると、思い描いていた夢が叶っていたりするのですよね。やっぱり奇跡は、決してある日突然、起こるものではないのです。

ゴールドディスクを渡すために、田村さんと一緒にエルヴィス・プレスリーに会う。結婚証明書にサインをしてもらうという奇跡が起きた。1973年8月10日。

夫の生き方を変えたダイヤモンドの謎

エルヴィス・プレスリーもそうですが、人気が出るミュージシャンやタレントなど、世に秀でる人には独特の輝きがあります。それを人はオーラと呼んでいるのかもしれません。

オーラは物理的には目には見えないものだと思われがちですが、時に暗いところではハッキリと見えたりもするエネルギーの強さだと私は思っています。音楽にも、そんな目には見えない「オーラ」があります。

その見えないものに、人はたまらなく惹きつけられて心を動かされるのです。

田村さんと結婚して10年が経った頃、私たちは、それまで知らなかった〝もう一つの見えない世界〟と出会うことになります。ここからは、そんなお話を書かせていただくことにしましょう。

1983（昭和58）年のある日。会社の業績も右肩上がりで経営者として絶好調だったはずの田村さんが、突然、「社長を辞める」と言い出したのです。

彼に言わせれば、当時扱っていた音響映像機器というものは、毎年のように表面的なデザインやネーミングは変わるけれど、中身はまったく同じ。「そんなものをあの手この手でお客様に売るのは恥ずかしいし、もういやだ」というのが理由でした。

一度言い出したら聞かない頑固な人でしたから、言葉通り会社を権利ごと、すべて部下に引き渡して、自分はスッパリと仕事から足を洗ってしまったのです。

当時私は、作詞を手がけたシャネルズ（後に「ラッツ&スター」と改名）の『ランナウェイ』が大ヒットしたこともあって、次から次へと作詞の仕事が持ち込まれ、寝る暇もないほど忙しい時期でした。

7歳になった息子もインターナショナル・スクールに入ったばかり。私は送迎や学校との慣れない英語での書類のやり

田村さんと私（湯川）、そして息子。1978年頃。

とりに手こずったりで、田村さんの今後を案じるような余裕はまったくありませんでした。自分が仕事をさせてもらえるだけでもありがたいと考えて、彼には少しのんびりしてもらえばいいと、そんな気持ちでした。

はじめのうちは本人も、特に先のプランもなく、たまにはゴルフに出かけるなどして、のほほんとリタイア・ライフを楽しんでいたようです。

そんなある日のこと。一人の男性がファイヤー・スコープと呼ばれる器具を持って田村さんを訪ねてきました。

見たところ、鰹節でも削るような長方形の箱なのですが、そこにダイヤモンドを置いて、上から光を当てると、内部の光の反射具合がひと目でわかって、誰でもが簡単にダイヤモンドという商品の良し悪しが判別できる器具なのだそうです。

ご存知のようにダイヤモンドという石は、それ自体が輝いているのではなく、外から入った光が中で屈折し、再び表面に戻ってくることで輝きを発する商品です。

よく「理想はブリリアントカットだ」といわれますが、そのブリリアントカットとは、ダイヤモンド上部の表面から入った光が、下部の25の面で全反射し、再び上部33の表面から飛び出すことで、最高の輝きを発するものなのです。その様子は、ファイヤー・スコープで見ると美しく整った星状の形となって見えるようになっていました。ところが、巷に出回っているダイヤモンドの大半は、なかに入った光が底に抜けてしまって、二度と戻ってこないようなカットが施されているというのです。

理由はいろいろあるそうですが、まず一つは、ダイヤモンドの値段を決める「カラット」というのが石の重さで測られるため、少しでも値段を高くしようと、商人は貴重な石を必要以上にカットするのを避けることにあります。要するに、ダイヤが贅肉をつけたままになっているのです。

もう一つは、ブリリアントカットのセオリー通りにいくら磨こうとしても、従来の方法では石の一番硬い部分を、完璧にはカットできないのだそうです。

ただでさえダイヤモンドは硬い鉱物ですが、その硬いなかにさらに〝目〟のような強固な結晶部分があるのだそうで、その部分を避けながら磨いていくと微妙にシンメトリーが崩れ、入った光が底に抜けてしまうところが何か所も出てしまうのです。

「……というわけで、最高級の保証付きで売られているものでも、この箱に入れて見れば一目瞭然。どれもカットがガタガタで、本当のブリリアントカットと呼べるものなど一つもないのが現状なんですよ」

という男性の話を聞いて、田村さんは私に「結婚する時オレがハワイで買ってあげた指輪、あれを調べてみよう」と言い出しました。そして私の指から受け取った指輪を箱に入れてしばらく眺めていたのですが、「こりゃひどい。こんなものにオレは90万円も払ったのか！」と、たいへんな剣幕で怒り出したのでした。

100パーセント本物のダイヤを求めて

このことがきっかけで、凝り性の田村さんのダイヤモンド探究がはじまりました。その箱を抱えて都内のデパートや宝飾店に通い、どんな口実を使ったものか、次から次へとダイヤモンドを見せてもらったのです。ついにはアメリカまで足を伸ばして、オードリー・ヘップバーンの映画にも出てきたニューヨークの『ティファニー』をはじめ、ロサンゼルスの有名店、専門業者、果てはカット工場にまで足を運んで、完璧に磨かれた本物探しに走り回ったのでした。

宝石を買うでもなく、謎の箱を持ってウロウロする日本人の存在は目立ったのでしょう。ダイヤモンドビジネスには、巨大なシンジケートが絡んでいるといわれます。商品が本物かそうでないか、秘密を暴かれては都合の悪い人もいることでしょう。

「そんなことをしているとマフィアに殺されるぞ。早くアメリカを出たほうがいい」とフィフス・アベニューの店のオーナーから忠告されたこともあったそうです。

もともと装飾品としてのダイヤモンドにはまるで興味のない人でしたし、長年やってきた仕事ともまったく畑違いの世界です。それなのに田村さんは、なぜ突然これほどまでにダイヤモンドに魅了されてしまったのでしょうか。いったい何が、彼の心のスイッチを押したのでしょう。

あちこち見て回った末に、結局ダイヤモンドが完璧に輝くカットは、世界中どこを探してもまだ誰もやっていないし、存在しないことを知った彼は、なんと自分でダイヤモンドをカットすることに挑戦すると決めてしまったのでした。

最初にあの箱（ファイヤー・スコープ）を持ち込んできた男性は、本当はそれまでの田村さんのセールス・スキルを見込んで、ファイヤー・スコープそのものを販売する手助けをしてほしかったようですけれど、事態は思わぬ方向に動き出してしまったのです。

それからは、来る日も来る日も、ダイヤモンドを磨く日々がはじまりました。運良く樋口清さんという熟練のカッターとも出会えて、作業は休みなく続きました。研究と試行錯誤で、買ってきた原石がいくつ粉になったのか、私は知りません。

そして、約1年半後の1985（昭和60）年10月。集中して磨いたダイヤモンドから、矢のような8本の光が完璧な星型となって、くっきりと浮かび上がってきました。ついに本物のブリリアントカットに成功したのです。

田村さんはその石に「エイトスター・ダイヤモンド」と名前を付けて、12月6日に、東京・四谷に現在もある店舗を創業。ダイヤモンドが放つ船の操舵輪にも似た光の様子を赤と黒の写真に撮って、「世界で最も美しく輝くダイヤモンド」として雑誌や新聞に広告を出したのでした。

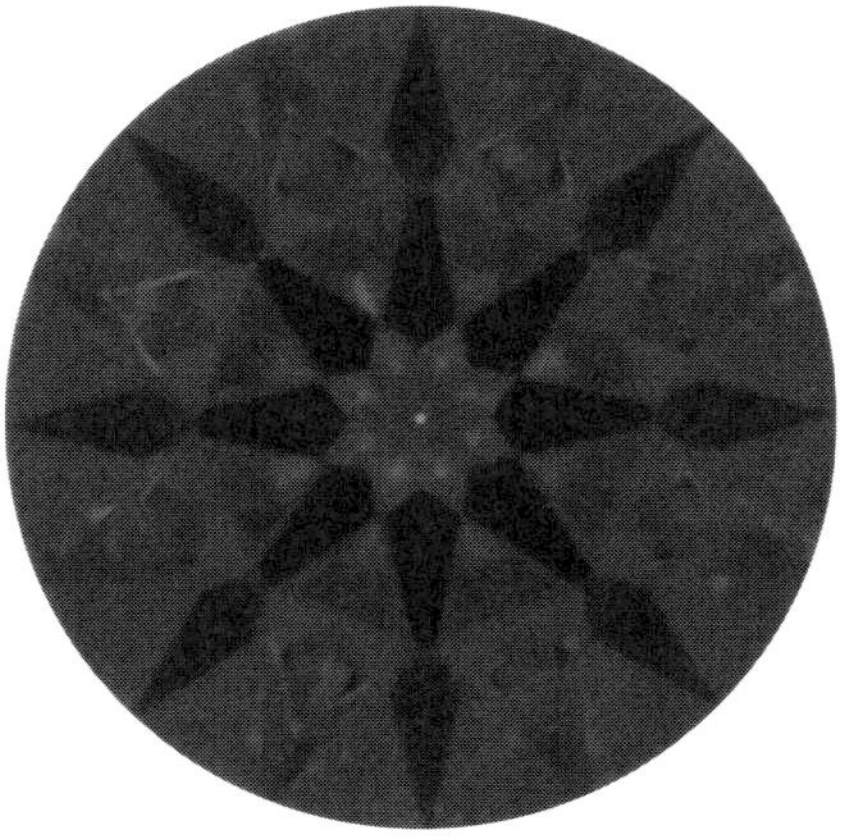

エイトスター・ダイヤモンドからは、船の操舵輪のような光が浮かび上がる。写真提供：エイトスター・ダイヤモンド

ダイヤモンドと仏さま

ダイヤモンドは、天地創造の時に生み出された、地球最古の物質の一つです。それは生命の基本でもある純粋炭素から成り立っています。その生命現象を、最も美しく光り輝かせようと不眠不休で努力した結果、なかから現れた「形」に、田村さんも樋口さんもすっかり夢中になって、それからは何個も何個も磨くようになりました。

先ほど「船の操舵輪」と書きましたが、エイトスター・ダイヤモンドのなかに浮かび上がった8本の矢印の光の輪は、易学の易象盤に似ています。高島易断の暦に付いているあの形です。実は、それまでにかなり本格的に易学を勉強していた田村さんは、その事実に気がついた時は鳥肌が立ったといいます。

本人もなぜなのか説明がつかないまま、憑かれたようにダイヤモンドにのめり込んでいったのですが、もしかするとそれは、目には見えない何か大きな力に導かれたからだったのかもしれません。

ちょうどそんな折り、思いがけないお客さまが四谷のショールームにお見えになりました。

天台宗の僧侶で、仏像彫刻師で修復師でもある西村公朝《にしむらこうちょう》先生という方でした。今は故人となられましたが、当時は仏像の見方をわかりやすく解説するNHKの番組にも出演されていて、仏教に関心がある方にはよく知られていた、国宝の修復にも携わる日本を代表する仏師でした。

その西村先生が、「輪宝《りんぼう》の姿が浮き出るダイヤモンドがここにあるとうかがったのだが、詳しい話を聞かせていただけませんか」と言って訪ねて来られたのです。

輪宝とはお釈迦さまや仏像が胸につけたり、手に持ったりしておいでになる大きな船の操舵輪のような形のもので、「法輪《ほうりん》」とも呼ばれています。

先生によれば、輪宝の形は太陽を模したものだそうで、お釈迦さまが他界された後、「お釈迦さまとはどんな方であったのか？」という問いに、人々が「太陽のような方であった」と答えたことから、お釈迦さまのシンボルとしてつくられたといいます。

西村先生は「ダイヤモンドのなかにその輪宝が浮かび上がるとは驚くべきことですので、ぜひとも見せていただきたい」と言われて、お店に何回かお見えになりました。

ファイヤー・スコープや肉眼でダイヤモンドをご覧になり、「田村さんのダイヤモンドはお釈迦さまの象徴として輪宝が現れている。ということは、私たち衆生を救う太陽の輝きを持った、特別なダイヤモンドなのです」とおっしゃって、さらに不思議な数の一致についても教えてくださったのでした。

エイトスター・ダイヤモンドは、上部が33面体、下部が25面体の完璧なカットでつくられるのですが、この「33」と「25」の数字が、仏教でも意味を持つというのです。

「仏の教えでは、阿弥陀如来が二十五の観世音菩薩に変身し、その一体一体の観世音菩薩が、さらに三十三身の観音に身を変えて人々を導き救っているといわれているのです」と。

田村さんも私も、そのお話にはいたく感銘を受けたものでした。

エイトスター・ダイヤモンドは、上部から入った光が、33面体と25面体との完全にシンメトリックな角度によって100パーセント屈折して上部に戻るからこそ、その光の凝縮が8本の星型の印として現れます。

一条の光が、あたかも二十五体の菩薩となり三十三体の観音に変身するように、本来無色であるダイヤモンドが燦然と輝くそのさまは、仏の教えのように人々を救うとまではいいませんが、どこか人の魂を揺さぶり浄めてくれるものなのではないか……。

田村さんはそんなふうに感じたようです。

一夜にして現れた手相

折りしも西村公朝先生は、京都の比叡山延暦寺からたいへん重要な依頼を受けておいででした。それは延暦寺の戒壇院《かいだんいん》（重要文化財）に納める「釈迦如来坐像」の制作でした。

戒壇院とは、天台宗で正式な僧侶となるための受戒の儀式をするお堂で、儀式は年に一度だけ。僧侶であってもなかに入ることができるのは生涯一度とされる特別な聖域です。

ですが、今からおよそ４５０年前、織田信長による比叡山の焼き討ちに遭って、戒壇院は全焼してしまいます。鎮座していたご本尊も焼けただれ、戒壇院が修復された後も、その半ば焼けただれた仏像が置かれたままになっていたといいます。

そこで開山１２００年記念を節目に新たにご本尊を建立することとなり、その制作が西村先生に一任されたのです。

そして驚いたことに、西村先生は、その制作中の仏像の眉間の第三の眼「白毫《びゃくごう》」と、頭上の「肉髻珠《にくけいじゅ》」に、エイトスター・ダイヤモンドを入れたいと言いに来られたのでした。

仏教のことなど何も知らない田村さんでしたが、これはとても名誉なお話です。喜んでお引き受けさせていただくことになりました。

ただ、「白毫」が直径22ミリ、「肉髻珠」が30ミリという、ご注文通りの大きさのダイヤモンドとなると、天文学的な値段になってしまいます。西村先生ともご相談した結果、光の屈折率がダイヤモンドに最も近いキュービック・ジルコニアをエイトスター・カットに仕上げて、無事ご本尊にお納めしました。

予想外のことが起きたのは、その後です。

いよいよ明日、完成したばかりのご本尊を戒壇院に運び込むという夜のことです。西村先生から、田村さん宛にお電話がかかってきました。これまで何度も打ち合わせを重ねてきたため、電話自体は珍しいことではありませんが、驚くべきはその内容でした。

「あの仏像に、私が入れた覚えのない手相が現れたのですよ」

「えっ！　どういうことですか？」

仏像の右の手のひらには、もともと感情線、頭脳線、運命線を示す3本の線が彫られていました。涅槃に入られる前の、生きた若くお元気なお釈迦さまを表現するために考えられた3本の線だったそうです。

ところが、最後の総仕上げでできあがった仏像に「白毫」と「肉髻珠」をはめ込んで一夜明けたら、誰も知らない間にもう1本の新しい線が刻み込まれていたというのです。

それは、感情線と頭脳線を縦に走るように、薬指の下から延びた線で、長さ10センチあまり。深さも数ミリはあろうかというものなのだそうです。

仏像には、2年もの歳月をかけて完全に乾燥させた木材が使われています。彫像した後にヤスリがかけられ、麻布を巻いて砥《と》の粉《こ》が塗られ、その上に金箔が施されています。万が一自然に亀裂ができたのなら、そこだけ金箔がはがれて白くひび割れているはずです。けれども金箔はなめらかに輝いたまま、線がくっきり彫られているというのです。

4本線の手のひらを持った仏像は世界でもほとんど例がなく、たとえ無意識にでもそのようなものを自分が彫るとは思えない……と。

すっかり困惑した西村先生は、急ぎ、比叡山で最も位の高い天台座主《ざす》さまにご相談したところ、「誰も彫った覚えがなく、しかも一夜にして出たのであれば、まぎれもなく仏さまご自身が望まれたことでしょう」とおっしゃったのだとか。

また、新しい線は「太陽線」といって、「自ら運命を切り拓く」というおめでたい意味の線で、座主さまは、「それこそは、まさに天台宗の教えそのものではないですか」ともおっしゃって、お喜びになったそうです。

そんなわけで、新しい線はそのままに、完成したご本尊の開眼法要がとり行われました。１９８７（昭和62）年４月のことでした。

実は、私がこの不思議な出来事を知ったのは、翌月5月20日に、開山１２００年記念として特別に公開された戒壇院を見せていただいた時でした。集まった仏教研究者や信徒の方々と一緒に、その場で私もはじめて西村先生からその経緯をうかがって、本当にびっくりしたものでした。

間近で拝見すると、ご本尊の右の手のひらには、確かに太陽線がくっきりと刻まれています。とうてい単なるキズや亀裂ではありません。

人智を超えた世界というものは本当にあるのだと、畏れにも似た感動と衝撃で、私は次から次へと涙があふれてきて止まりませんでした。

奇跡は本当だった

この仏像の制作過程は、『比叡のあけぼの』（テレビ東京）というドキュメンタリー番組に記録されていました。比叡山から帰宅するとすぐに、私はそれを録画したビデオをもう一度見てみることにしました。

果たして本当に太陽線は一夜にして忽然と現れたのか？　まだ半信半疑で、どうしても確かめてみたかったからです。

幸いなことに、映像の中にはエイトスター・カットの「白毫」と「肉髻珠」を入れる前の仏像の右手のひらがアップで映っていました。私は、何度もビデオを一時ストップしてその箇所を繰り返し見ましたが、手相は間違いなく3本しかありません。今日、戒壇院で私が目の当たりにしたものは、確かに奇跡だったのです。

この世には、人間の力など遠く及ばぬ自然の法則を超えた〝何か〟があるのだと、その不思議さに打たれ、叩きのめされるような思いを味わった私は、その日から高熱を出して3日間も寝込んでしまいました。

ちなみに、延暦寺・戒壇院は、比叡山のなかでも特に神聖な場所として、普段は決して一般に公開されることはありません。

２０２１（令和３）年９〜12月には、宗祖・最澄の没後１２００年の大遠忌《だいおんき》記念行事として特別に公開されましたが、おそらくこれが今世紀最後になるだろうとのこと。ありがたいことに私自身はあの時ご本尊と対面させていただけたわけですけれど、あれもまた、生涯で一度きりしか体験できない奇跡だったのでしょう。

石の光とパワーが引き寄せた出会い

エイトスター・ダイヤモンドを世に出して以来、そのまばゆい光と不思議なパワーに吸い寄せられるように、次から次へと思いがけないことが起こりはじめました。

仏像の開眼法要から約1年後の１９８８（昭和63）年の夏。ハリウッドの女優シャーリー・マクレーンから、私たちに会いたいという連絡が入りました。自分にもその奇跡のダイヤモンドを、ぜひ見せてほしいというのです。

シャーリー・マクレーンといえば、『アパートの鍵貸します』『あなただけ今晩は』『愛と追憶の日々』など、数多くのヒット作に出演し、アカデミー賞をはじめさまざまな賞も受賞している世界的な大スターです。そんな人がなぜ？　とお思いでしょう。

その経緯をお話しするために、まずは時計の針を少し巻き戻すことにしましょう。


「エイトスター・ダイヤモンド」開店からちょうど1年経ったある日のこと、田村さんがいつになく興奮気味に「おい、これを読んでみろよ」と目の前に1冊の本を置きました。それが、後の私たちの人生に大きな影響を与えることになった、シャーリー・マクレーンの著書『アウト・オン・ア・リム〜愛さえも越えて〜』（地湧社）でした。

この本は、3年前にアメリカで発売されて以来大ベストセラーとなっていたものです。魂の存在、輪廻転生、宇宙の高次元の存在とのコンタクト……など、誰もが知る超有名人が、自身のスピリチュアルな体験を赤裸々にカミングアウトしたのですから、世界中で驚きとともに大きな話題となりました。日本でも山川紘矢・亜希子夫妻の翻訳で出版されて、たちまち１００万部を超える大ヒットとなり、日本の第一次スピリチュアル・ブームを巻き起こした本でした。

ダイヤモンドをめぐる不思議な出来事を実際に体験し、それをどう受け止めていいかわからずにいた私たちにとっては、そこに書かれている一つひとつのエピソードがこれまでの疑問に対する答え合わせのようで、「やっぱりね！」「そうだったのか！」と感動と共感の連続でした。まさにそれまで知らなかった未知の扉が開かれたようで、2人ともすっかり夢中になって読んでいたのです。

それ以降、『ダンシング・イン・ザ・ライト～永遠の私をさがして～』『オール・イン・ザ・プレイング～私への目覚め～』（共に地湧社）など、次々と出版されたシャーリーの本をすべて読み、時には、その本のなかに登場するチャネラー（霊媒師）に会いに行くなど、不思議な世界への冒険にも出かけました。このことについては、次の章で詳しく書きたいと思います。

田村さんの話によれば、この本はご近所の方が「これ、流行っているみたいだから」と、たまたまくださったものだったそうです。ですが、その〝たまたま〟がこれほどまでに私たちの心を揺さぶり人生を変えてしまったのです。これもやはり、すべては偶然ではなかったのでしょう。

シャーリー・マクレーンと「賢者の石」

さて、その夢中になっていたシャーリー・マクレーンご本人から「会いたい」と言ってきてくださったのですから、これほど光栄なことはありません。ただ、連絡をいただいたものの、お互いのスケジュールの都合もあり、実際にお会いできたのは、翌1989(昭和64)年のお正月1月4日になっていました。

私たちが訪ねたのは、カリフォルニアのマリブにあったシャーリーのご自宅です。そこは、マリブ・コロニーという太平洋に面した波打ち際の高級住宅地で、映画のワンシーンに出てきそうな美しいところでした。一歩家へ入れば、リビングやベランダの前一面が海。プライベートビーチなので、誰かにのぞき込まれることもありません。

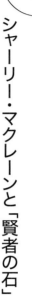

「ハーイ! ウェルカム!!」

明るい声に振り向くと、そこにはシャーリーが立っていました。淡いピンクのサマーセーターと白いジョギングパンツ姿で、足元はスニーカー。思っていた以上に背が高くがっしりとした体格の人で当時は54歳でしたが、抜けるように白い顔には、感じのいい自然な小じわが刻まれていました。

そこからはシャーリーに問われるままに、ダイヤモンドの話がはじまりました。田村さんとダイヤモンドの出会い。比叡山の仏像に現れた手相のこと。ダイヤモンドが放つ光の形に何か意味と力があるらしいこと……などなど。そして持参したファイヤー・スコープで実際にダイヤモンドを見てもらいながら、ブリリアントカットの理論などの専門的な説明もしたのですが、シャーリーはとにかく熱心に聞き入り、田村さんもたじろぐくらい的確で鋭い質問を矢継ぎ早にしてくるのです。

シャーリーは、なぜこんなにもエイトスター・ダイヤモンドに興味を持ったのでしょうか。

聞けば、4年ほど前、ニューメキシコに住む鍼治療家でチャネラーという人のセッション（施術）を受けた時に、「ダイヤモンドが地上に出てきて、あなたのもとへ届けられる」という内なる声を聞いたのがきっかけだったそうです。

「でも、その時はまるで意味がわからなかったのよ。だって私はダイヤモンドなんてもう幾つも持っていて、まったく関心がなかったんですもの」

ただ、そのことはずっと心に引っかかっていて、ある日、人づてにエイトスター・

ダイヤモンドの噂を聞いた時に、もしかしたらそれが自分にとって何か意味を持つものなのではないかと感じたというのです。

話に夢中になってすっかり陽も沈みかけた頃。シャーリーが先に立ち、真っ赤な夕陽に向かってみんなが手に持ったエイトスター・ダイヤモンドをかざすと、シャンデリアのような光が部屋の四方にまぶしく飛び散りました。

その時、シャーリーが「This is it!（これだわ！）」とうめくように叫んだのです。他のダイヤモンドにはない強いバイブレーションを感じて、自分が待っていたのはこれだったと直感的にわかったのだそうです。そして「きっとこれこそが、中世の錬金術師が追い求めた『賢者の石』に違いないわ！」と言ったのでした。

伝説では、「賢者の石」はいかなる金属も黄金に変え、人間に永遠の命を与える力を持つ石だといわれています。

シャーリーの考えによれば、エイトスター・ダイヤモンドの場合、炭素を主成分とする原石が完璧なシンメトリーでカットされたことによって、まず、その炭素を生み出した宇宙エネルギーと呼応します。そのことによって、同じ炭素原子を基とする私たちの身体に、宇宙にみなぎる生命パワーと、内面を進化させる霊的な力を与えてくれるのではないかということでした。

「だとすれば、このダイヤモンドの力は単に個人に幸運を運ぶといった低次元のことではなく、人間の内面に光をともし、多くの人々に平和と安らぎをもたらすために使ってほしいのよね。それこそが『賢者の石』なのだから」

シャーリーの言葉の重さに、田村さんも私もうなずきながら、身が引き締まる思いでした。

何だか無性に懐かしくて……

その日はすっかり夜になってしまい、そろそろおいとましなければという頃には、シャーリーは私のことをレイコ、田村さんをタカノリさんと下の名で呼び、お互いにすっかり打ちとけていました。

おもしろかったのは、英語にまったく自信のない田村さんが夢中で片言の英語を話し、それさえまどろっこしくてそのうち日本語で話しはじめたのですが、田村さんの日本語にシャーリーが英語で返し、今度はそれを田村さんが日本語で答えるというごちゃ混ぜの会話が成立していたことでした。

はたで聞いていると、これでどうして理解し合えるのかしら？　と不思議なのですが、お互いにそんなことには気づきもせず、ふんふん、なるほどと相づちを打ったり笑い合ったりしているのです。

こんな調子で話は尽きないのですが、シャーリーからはこのあと友人と会う約束があると聞いていたこともあり、まずはこれでお別れと立ち上がりました。

ところがここでプチ・トラブル勃発です。帰る前にと田村さんがトイレに立ってしばらくした時です。突然耳をつんざくような大音響で家中に警報ベルが響きはじめたのです。何ごとだろうと右往左往していると、田村さんが飛び出してきて、暗闇でトイレの電気スイッチを探していたら、間違って警報ベルを押してしまったというではありませんか。

シャーリーも、「困ったわ!!　実は私も止め方を知らないの。暗証番号もわからないし」と大慌て。警察が駆けつけてきたりしたら、さらに大騒ぎになるし、事情を聞かれたりでしばらくは家から出られなくなってしまう。だから、もういいから知らん顔をして、みんなで家を出てしまおうということになりました。

すさまじい音が鳴り響くなか、シャーリーと田村さんはまるで映画のワンシーンのようにしっかりと抱き合い、何やら耳元で囁き合いながら別れを惜しんでいます。とても今日はじめて会った人同士の挨拶には見えません。

帰りの車中、2人のあまりの親密ぶりに焼き餅半分で私が田村さんに聞くと、「シャーリーには怒られるかもしれないけれど、実は彼女のことを母親のように感じたんだ。心の底から懐かしくて涙が出そうだった。前世のどこかで、あの人は俺の母親だったんじゃないかなぁ……と思うんだよ」という答えが返ってきました。

確かに、初対面なのにどこかで会ったことがあるような気がする人はいるものです。でもそれって、前世と何か関係があるものなのでしょうか。

この話には、後日談があります。

最初の会見から半年後の7月1日。私たちはニューヨークのマンハッタンにあるシャーリーのアパートにお招きいただいたのですが、軽く何か食べようとみんなで近くのイタリアン・レストランへ行った時のことです。

「あの時は驚きましたね。たいへん失礼しました」と、まず、あのけたたましい警報ベルの思い出話になったのですが、シャーリーが「タカノリさん、実はあなたは私を助けてくれたのよ」と意外なことを言いだしました。

話を聞いてみると、騒動のおかげで、あの警報ベルが実際は音が鳴るだけで、警備会社にもマリブ・コロニーの管理事務所にもつながっていなかったことが判明したのだそうです。「もし知らずにあのままだったら、1人の時に誰かが侵入しても私は助けを呼べなかったということでしょう。いったいどんなことになっていたか、考えただけでもゾッとするわ」とシャーリー。怪我の功名というべきか、思わぬところでお役に立てて、田村さんもホッとしたのでしょう。ためらいがちに「実は、僕もお話ししたいことがあるんです」と切り出し、「不思議なことなんですが、あの時僕は、あなたを自分の前世の母親だと感じたんですよ」と告げたのでした。

するとその途端、シャーリーの口からは嗚咽がもれ、目からは大粒の涙がボロボロと流れはじめました。そして、「おお、なんてこと！」と、田村さんの顔を愛おしそうに両手ではさむと「私もあの時、あなたに対して同じことを感じていたのよ!!」と言うではありませんか。

前世で親子だったという感覚は、田村さんだけのものではなかったのです。レストラン中の注目を集めながら、人目もはばからず泣いて抱き合う2人の様子を見て、私ももらい泣きをしてしまった一夜でした。

不思議なご縁に導かれるようにして親しくなったシャーリー・マクレーンと。

レストランを出ると、今からヴァージニアに住むお母さまに会いに行くというシャーリーと、明日日本に帰る予定だった私たちは、そこでお別れするつもりでした。

ところが、シャーリーから「どうしてもあなたたちともう一度会いたいの。母に会ったらまた戻ってくるから、ぜひ予定を延ばして待っていてほしい」と引き止められてしまいました。離れがたい気持ちは田村さんも私も同じだったので、結局、私たちは7月4日の独立記念日の花火をニューヨークで見て、再び戻ってきたシャーリーと明け方まで語り明かしたのでした。

はじめてマリブの家をお訪ねした時は、単なる一読者がここまで来てしまってよかったのだろうか……と少々恐縮したものですが、こんなにも短い間に心がつながってしまうのですから本当に不思議でした。

その後は、マリブの家に泊まりがけで遊びに行くなどして私たちは交流を深め、田村さんと前世で親子なら「レイコは長い間会えずにいた姉妹ね」と、お互いに会うべくして会えた喜びをかみしめたものでした。

翌１９９０（平成２）年９月28日、シャーリーは、彼女自身のダンス・パフォーマンス公演のために来日しました。日本を訪れたのは、なんと20年ぶりのことだったそうです。以来プライベートも含めて５回ほど日本滞在を楽しんだシャーリーでしたが、その間、私たちとはまるで家族のように過ごしたものです。

気がつくと、いつのまにか素足にサンダル履きでホテルからわが家にやってきて、リビングのカウンターに座ってポリポリとたくあんを食べている……。そんなシャーリーの姿を今も懐かしく思い出します。すべてはダイヤモンドが結んできてくれた縁でした。

平和への願いを込めて ～ダライ・ラマさまとの出会い～

１粒のダイヤモンドは、やがてさらなる使命と出会いを私たちに運んでくることになります。

シャーリー・マクレーンの言葉通り、エイトスター・ダイヤモンドが「賢者の石」だとすれば、この石を誰に託せばいいのだろう？　私たちが思いをめぐらせていた矢先、彼女の口から出たのが、ダライ・ラマ法王14世のお名前でした。

ダライ・ラマさまといえば、田村さんが以前から一度はお目にかかってみたいと願っていた方です。ですが、会いたいからといってそう簡単にお目通りいただけるわけもなく、その時は遠い夢物語のように感じていました。

ところが、シャーリーと会ったわずか半年後のこと、今度は思いもかけない知人の紹介で、突如拝謁が叶うことになったのです。

知人とは、『地球交響曲《ガイヤシンフォニー》』で知られる映像作家の龍村仁さんのお姉さんで、ニューヨーク在住の音楽プロデューサー、ヒリヤー和子さんです。ラマさまとは親しいご関係だそうで、「今、ラマさまがニューヨークにいらしているから、ちょっと来ませんか？」とお誘いくださったのです。

滞在中のホテルの一室で、気さくに私たちを迎えてくださったラマさまは、エイトスター・ダイヤモンドがたどってきた道を一通り聞き終えると、「チベットの独立と平和のために、どうかお力をお貸しください。インドの亡命政府にある大切な仏像2

体に、エイトスター・ダイヤモンドを入れていただけないでしょうか」という、私たちにとっては、驚くべきお申し出をいただいたのでした。

それからさらに半年ほど経った1990（平成2）年1月30日。

ラマさまのご希望にお応えすべく、ヒリヤー和子さんと数名の友人を含めた私たち一行は、インドのダラムサラ（ダラムシャーラー）まで出かけていきました。ダラムサラは、ヒマラヤ山脈に連なる標高約2000メートルに位置する街で、ニューデリーからは飛行機と汽車を乗り継いで14時間という道のりです。

長旅でしたが、着いたところは山々に抱かれた、それはのどかで純朴な、まさに桃源郷のような場所で、疲れは一気に吹き飛

左から田村さん、ダライ・ラマさま（中央）、私（湯川）。写真提供：エイトスター・ダイヤモンド

んでしまいました。

そのダグラムサラの一角に、亡命政権の施設や寺院、ラマさまがお住まいの宮殿があります。宮殿といっても豪華というにはほど遠い、木造りの質素な建物です。

そのラマさまがダイヤモンドを入れてほしいとおっしゃった仏像の一つは、建物のなかのラマさまの寝室に置かれていました。身長80センチほどの小ぶりなもので、1959（昭和34）年に、ラマさまが24歳で中国の弾圧から逃れて亡命された時に、故国チベットから持ち出したものだそうです。そしてもう一つは、人々が集まる寺院の本堂に置かれた、約2メートルほどの大きな金色の坐像でした。

私たちは、小さな仏さまには輪宝代わりにエイトスター・ダイヤモンドのペンダントをおかけし、大きな仏さまには眉間の「白毫《びゃくごう》」に2カラットのエイトスター・ダイヤモンドを埋め込んで奉納させていただきました。

ダライ・ラマ法王14世は、わずか4歳にして前法王の生まれ変わりとの神託を受けて、生き仏となる使命を与えられた方でしたが、中国によるチベット侵略後は、憎しみには慈悲をもって応えよと、仏の心で自国民を諭しながら、非暴力を貫く姿勢で祖国の自由と独立を世界に訴え続けておいでです。

一般の人にははかりしれない数奇な運命と苦難を背負ってこられた方ですが、私たちがお納めした太陽の光を放つダイヤモンドが、そんなラマさまの心を少しでもなぐさめ力づけ、そして、チベットの人々を光明へと誘ってくれたらいいのですが……。

2024（令和6）年現在、残念ながら、望み続けたチベット独立の夢はいまだ叶ってはいませんけれど、89歳を迎えられたダライ・ラマ法王14世は今もお元気で活動を続けられています。ちなみにラマさまより1歳若く生まれた私も、90歳になったシャーリー・マクレーンも、今もこうして元気に生き残っています。

第3章

魂の旅
スピリチュアルな世界の探究へ

妹分との再会

1988（昭和63）年は、いろいろと不思議なことが起こった年でした。第2章にシャーリー・マクレーンとはじめて会った時のお話を書きましたが、これはその前年にあたります。

その年、私は子育てや仕事、エイトスター・ダイヤモンドにかかわることなどで、年明けから目が回るような忙しさでした。

海外へ出る用事も多く、ニューヨークのグラミー賞の授賞式に出席したり、マディソン・スクエア・ガーデンでマイケル・ジャクソンのコンサートを見たりして、その旅行の合間にも作詞や原稿の締め切りを抱えて、飛行機のなかでもずっと仕事をしているという状態でした。

充分に睡眠もとれず、多分、無理をしすぎたのでしょう。その頃の私は毎日のように続く激しい頭痛に悩まされていました。病院で検査してもはっきりした原因がわからないまま、強い痛み止めの薬の力を借りて、何とか日々のスケジュールをこなすつらい日々でした。

そんな時、珍しいお客さんが私を訪ねてきてくれました。私の古い弟子というか子分というか、妹分の一人で、台湾人のお父さまと日本人のお母さまを持つ、リリーというハーフの女の子です。

リリーとの出会いは、彼女がまだアメリカン・スクールの9年生で13歳だった頃まで遡ります。当時私は、新宿のとあるデパートのショールームで毎月1回レコード・コンサートを開いていたのですが、そんな時、いちばん前の席に陣取って、可愛らしくテーブルに頬杖をついて熱心に聞いていたのが彼女でした。物怖じしない無邪気な子で、コンサートが終わるとすぐに私のところまでトコトコ歩いてきて、「あのね」と感想などを話しかけたりしてくるのです。

おしゃべりしてみると、なかなかおもしろい子で、親しくしていたTBSラジオのディレクターに彼女を紹介したところ、なんと、当時入社したてだったアナウンサーの故・小島一慶さんのアシスタントに抜擢されて、ポップス番組のディスク・ジョッキーとしてしばらく活躍したこともありました。

そんなリリーでしたが、高校卒業後はアメリカの大学に留学し、興味の対象もショー・ビジネスから違う世界へと変わっていったようで、卒業後はロサンゼルスで金融アナリストとして働くようになり、この時は里帰りで帰国したからと、私を訪ねてきてくれたのです。

そのリリーが、近況報告もそこそこに、突然こんなことを言い出しました。

「ねえ、ところでシャーリー・マクレーンって知ってる？」

知ってるも何も、その時まさに『アウト・オン・ア・リム』を夢中で読み、魂の世界や運命のからくりの不思議さにエキサイトしていたさなかです。

久しぶりに会ったリリーの口から、突然そのシャーリーの名前が出てきた偶然に驚き、「えっ？　知ってるわよ!!　まさか、何があったの？」と思わず立ち上がってしまいました。

「じゃあ、ケヴィン・ライアーソンも知ってる？」と言うリリーに、私は「もちろんよ！」と答えました。

ケヴィン・ライアーソンというのは、『アウト・オン・ア・リム』のなかに登場するチャネラーの一人です。

チャネラーというのは、深いトランス状態（一種の変性意識状態）になることで、人間とは異なる次元の霊的存在と交信したり、自らに他の存在を憑依させて、メッセージを伝えたりする人のことをいいます。

東北地方の「巫女《いたこ》」や「口寄せ」にも似ていますが、巫女の場合は頼まれるままにいろいろな霊と交信したりするのに対し、ケヴィンはコンタクトする相手が決まっていました。

ケヴィンが呼び出すのは、約2000年前のキリストの時代に生きていたという、品格があって教養豊かな高級霊のジョンや、アイルランド訛りで早口のトム・マックファーソン、時にエジプトのアントン・リーといった霊たちで、その人が抱えている問題や知りたいことに応じて出てきてくれるのだそうです。

本を読むと、シャーリー・マクレーンがケヴィンに信頼を寄せていることがよくわかり、私もいつかは会ってみたいと思っていた人でした。

リリーは、私が知っているなら話が早いとばかりに、「実は、そのケヴィンにリーディング（霊的存在からの情報を伝えてもらうこと）をしてもらったのよ！」と切り出しました。

何でもリリーは、大学を卒業して自分で立ち上げたビジネスに失敗してしまい、悩んだ末に彼のもとを訪ねたのだそうです。これまた驚いたことに、なんとリリーはシャーリー・マクレーンの一人娘であるサチコと親しい友人なのだそうで、そのご縁から、本来なら1年先まで予約でいっぱいのところを見てもらうことができて、素晴らしいアドバイスで窮地を切り抜けることができたといいます。

「ねえ、その話、今度食事でもしながらゆっくり聞かせて！」

と、その日は残念ながら予定がつまっていた私は、話の詳細と続きはまたの楽しみにとっておくつもりでした。

ところがその直後、冒頭に書いた原因不明の頭痛が突然ひどくなって、入院するはめになってしまいます。それも高熱や呼吸困難にまで陥ってしまって、立っていられないほどの症状でした。リリーはひどく心配してくれたようですが、結局、その時はそのままアメリカへ帰っていったのでした。

2000年前の処方箋

しばらくして私は退院できたものの、症状は思わしくありませんでした。脳の血管が膨張することがないように、血管をいつも少し収縮させておくためのお薬というの

をいただいたのですが、それを飲むと指先が冷たくしびれてきて、心なしか心臓まで
が冷えたように息苦しくなってきます。

どうしていいかわからず、鍼治療でも試してみようか……、などと考えていた矢先、
ロサンゼルスのリリーから電話が入りました。

私の頭痛が心配で、「ケヴィンにれい子のことをリーディングしてもらったの」と
言うのです。その時の会話をテープにとって書き起こしたものをすぐにファックスで
送るから、ぜひ読んでほしいということでした。

リリーに頼まれて、その時にケヴィンが呼び出したのは、2000年前に生きてい
たという高級霊のジョンだったようです。

送られてきたファックスには、そのジョンとリリーの会話が逐一書かれていたので
すが、おもしろかったのは、ジョンの言葉づかいです。さすが2000年前の霊だけ
あって、その言葉づかいがやたら古めかしいのです。

「Proceed（はじめるがよい）」とか、「Thou（汝、御身）」とか、「Insame（しかり、
その通り）」など、普段のケヴィンなら決して使わないだろう言い回しと思われます。

そして、そんな高級霊のジョンから勧められた療法は、SHIATSU（指圧）を
受けることと、ハーブティーを飲むこと。そして、この症状はストレスからきている

ので、不足しているカルシウムを摂りなさいとのことでした。

指圧とカルシウムはすぐにでも実行できるのですが、問題はハーブティーでした。ジョンのレシピによれば、

「沸騰させたミネラル・ウォーター1・14リットルに、バレリアンルート（かのこ草）を大さじ5。カモミール（かみつれの花）大さじ5を入れて20〜30分煮出す。それをよく漉したものを、1日にコップ3杯飲まれよ」

ということなのですが、今から40年近く前の東京には、まだ薬草やハーブなどを売っているお店はどこにもなくて、バレリアンルートもカモミールも漢方薬のお店を回って聞いてみましたが、まったく置いてありませんでした。

あちこち探し回ったあげく、青山に一軒だけ、お香や無添加で無香料の石鹸を扱うようなお店を見つけて、やっとそこで手に入れられたのは幸いでした。

ハーブティーを飲みはじめて一か月も経った頃でしょうか、あれほどひどかった頭痛がウソのようになくなっていました。西洋医学のお医者さまが治せなかったものを、2000年前の霊が助けてくれたのです。

私が元気になっていく様子は、そばにいた田村さんももちろん知っています。「へえ、やっぱりチャネラーの力はすごいね。今度はぜひアメリカまでケヴィン・ライア

ーソンに会いにいきたい」とワクワクしながら言いはじめました。

あの頃は、2人ともスピリチュアルな世界が不思議でおもしろくてたまらない時期でした。探究心のおもむくままに、精神世界に関するいろいろな書物を読みあさり、自分が生かされている理由は何なんだろう？　生まれる前から自分が決めてきたという魂の課題とは何だろう？　などと、人生をそれまでとはまったく違った角度から考えることに、たまらない刺激と喜びを感じていたのです。

はじめてのチャネリング

チャンスは思ったよりも早く訪れました。普通なら1年以上は待たなければ予約が取れないはずなのですが、ケヴィンとはすでに顔見知りのリリーが、私と田村さんのために頼み込んでくれたのです。

私たちは早速ロサンゼルスまで飛ぶと、通訳をしてくれるリリーと一緒にケヴィンのオフィスへ向かいました。その年の初夏、7月19日のことでした。

トランス状態になったチャネラーの身体を使って出てきた霊と話をするということは、シャーリー・マクレーンの本やリリーの話でわかっていましたが、自分が実際に目の前でリーディングを受けるなんて、何だか夢でも見ているような思いでした。

静まりかえった白いオフィスの一室に通されて待っていると、ほどなくケヴィンがやってきました。

人なつっこそうな柔和な顔に、子どものように輝く可愛い2つの目。向き合っているだけでフワッとうれしい気分になってしまうような、大きなぬいぐるみのクマさんみたいな人です。

笑顔でひとしきり挨拶を交わした後、いよいよセッションがはじまりました。この穏やかなケヴィンがどう変貌するのか、考えただけでドキドキします。

ゆったりとした椅子に座った彼は、まず目をつぶってひと呼吸、ふた呼吸。そして3つ目の呼吸をしたあたりでピクッと身体が震え、首がガクガクと2、3回前に揺れて、眉間に太いシワが刻まれました……と、ほどなくケヴィンのやわらかで高い声とはまったく違う、深くしわがれた男の声が彼の唇からもれてきました。

「ヘイル！　その者たちが、ここに集っていることの理由を述べよ」

これはリリーのリーディングの時にも現れた、2000年前に生きていたという博識な高級霊、ジョンの声です。

この時ジョンが話してくれたのは、田村さんが前世チベットの僧院で修行をしていたこと。エイトスター・ダイヤモンドの創出は、鉱物の霊性を目覚めさせる歴史的な出来事であること。そして、この特別なダイヤモンドは、それを持つ人の精神と肉体に調和をもたらすだけでなく、広く人類の平和に寄与するであろうことなど、多岐にわたっていました。

でも話の内容が壮大過ぎて、私と田村さんにはなかなかついていけません。フーム、鉱物の霊性ねぇ、世界平和に寄与ねぇ、などと、2人で首をかしげることしきりです。

それよりも田村さんは、自分にしかわからないような肉親とのわだかまりや、幼い頃から母親に感じていた違和感、内面の秘密といったものにズバリと触れられたことにショックを受けたそうですが、不思議とイヤな気持ちにはならず、むしろ心が癒されて穏やかになったといいます。

また、彼が幼い頃から苦しんでいた喘息の原因や療法も細かく教えてくれたのですが、それも帰国してすぐに試したところ、とても効果がありました。

みなさんのなかには、霊が出てきておしゃべりをするなんて信じられないという方もいらっしゃることでしょうし、私自身も訝しむ気持ちがありました。

ただ、圧倒されたのは、ジョンの口からさまざまな地名や時代、医学用語や学術的な鉱物の話などが、次から次へと飛び出してきたことでした。

20年間もアメリカに暮らして英語はネイティブ並みのリリーでさえ、すぐには訳せないくらい難解な言葉ばかりで、どう考えてもそれはチャネラーであるケヴィン自身が持っている知識や、記憶力の限界をはるかに超えるようなものなのです。それが次から次へとスラスラ口をついて出てくるのですから、やはり話をしているのは、違う次元から来た〝何者か〟だとしか考えられません。

おもしろいのは、リーディング中にその〝何者か〟が入れ替わったことでした。

私が質問をすると、ジョンが「少し待ちなさい。他の霊が話したがっておる」と言い出し、それまでの古めかしく威厳のある語り口調が、突然、ペラペラと早口でクセのある英語に変わったのです。アイルランド訛りの霊、トム・マックファーソンのようでした。その変わりようはとても演技には見えず、私たちは、ただ口をポカーンとあけて、あっけにとられていました。

前世はなぜわかるの？

さて、早口のトムによれば、私の前世は、有史前の北アメリカ原住民や古代メキシコのマヤ民族、紀元４００年頃のケルト人……などいろいろで、どうやら私の魂は何度も転生を繰り返してきたようです。

北アメリカ原住民だと言われれば、なるほど、私はアメリカを訪れるたびに「あ、ここ知っている」とか「夢で見たか、昔来たことがある」と、デジャブ感を感じるのはそのせいだったかと思うし、ケルト人と言われれば、なるほど、だからヴァン・モリソンやＵ２のなかにあるケルト音楽の要素に強く惹かれるのね、などと思う感覚が強くありました。

霊が人の前世を知り得る秘密は、その頃よく読んだエマニュエル・スウェーデンボルグ（霊的体験に基づく著書で知られる科学者・神学者）やエドガー・ケイシー（予言者・心霊診断家）の本によれば、高次の世界には、個々人の過去から未来まで、すべての転生の情報が記録されている「アカシック・レコード」なるものがあるそうで、それを霊が調べてくれるからだといいます。

それが真実かどうかは、今もって私にはわかりませんが、仮にアカシック・レコードというものが本当に存在していたとしても、チャネラーの質はそれこそ超一流から真似事レベルの人までいろいろで、霊の性質もさまざまです。自分の前世を告げてくれる霊が、ちゃんとアカシック・レコードを調べてきたかどうかなど、しょせん確かめようもありません。

ですから、時には「私の前世は、マリー・アントワネットだったらしいの」「あら、私も」などと、複数の人が同じ前世を告げられるようなインチキまがいのことも実際に起こったりもするのです。

あの時代、ケヴィンの後でいろいろなチャネラーのリーディングを受けた体験から今言えるのは、大切なのは、自分の前世がどこの誰かを特定することではないということです。また、たとえ前世が悪いカルマを背負っていたとしても、それは自分が今世でつぐなうべき罪でも何でもありません。

チャネラーや霊能者と称する人のなかには、「○○すべき」とか、「○○しないとひどい目にあう」「○○すれば御利益がある」などと断言する人がいますが、そういう場合は、ぜひ疑ってかかったほうがいいと私は考えています。

ケヴィンも最後にこう語ってくれました。

「重要なのは、あなたがチャネリングから何を学ぶかであって、そこには絶対的な運命とか宿命として示唆されているものは何もない」と。シャーリー・マクレーンが信頼していたのは、多分、ケヴィンのこういう正直なところだったのでしょう。

ちなみに、シャーリーがエイトスター・ダイヤモンドに興味を持って連絡をくれたのは、このケヴィンから私たちのことを伝え聞いたからだったそうです。

いずれにしても、ケヴィンとの出会いを通して、私などは前世をどう捉えたらいいか、本当に深く考えさせられたものでした。

前世を知ることは確かにおもしろいし、ワクワクしてしまいます。でも、知ったからといって何かが起こるというわけではありません。今の自分が抱える問題をほんのちょっぴりでも解決する糸口が見つかればいい。これからの生き方のヒントをもらえればラッキーという、その程度の受け止め方でいいのではないでしょうかと、今の私は思っています。

何より大切なのは、過去世でも過去の自分でもなく、かけがえのない今の人生であり、たった一度の今生をいかにポジティブに生きるかなのですから。

突然の顔面マヒ！

ひどい頭痛にはじまった１９８８年でしたが、暮れも押し迫った12月、またもひと波乱が起きました。

はじまりは、仕事の関係者数人で会食をしていた時でした。突然顔の左半分がニュニュニュッと変形した気がしました。あれれ？　なんか噛みづらい……。そう思ったとたんに、唇がだらりと歪んで涎が出てくるのです。あわてて水を飲もうとしたのですが、口の端から水がダラダラとこぼれてしまいます。

早々に帰宅して鏡を見ると、顔の左半面が腫れ上がって左の瞼は垂れ下がり、まるで『オペラ座の怪人』のようです。お医者さまによれば、顔面神経マヒという病気だそうで、左耳の後ろの三叉神経に、少し前にひいていた風邪のウィルスが入り込んだのではないかということでした。

左目は閉じることも開けることもできません。鼻の先から口にかけては、マヒしていない右側の筋肉に引っ張られてヒョットコのお面のように変形し、口を開くのもままなりません。でも、私にはどうしても動かせない予定がありました。そんな顔でもパリに行かなければならなかったのです。

その予定というのは、フランスのブルース・スプリングスティーンといわれるスーパー・スター、ジャン・ジャック・ゴールドマンのコンサートを見ることでした。

マスクで顔を隠して何とかパリに到着した初日。症状はますますひどくなっていました。果たして治るのにどれくらいかかるのか、あるいは治らないで一生このままなのかと、とても不安でした。

国際電話で東京のお医者さまに聞いた結果、糖尿病や脳腫瘍からきたものでない限り、だいたいは3か月から半年で平常に戻るとのことでした。命に別状はないから心配するなという励ましの言葉を頼りに、翌日は、いよいよコンサートが行われるパリ郊外のサン・ジェルマン・アン・レイまで出かけていきました。

「サン・ジェルマン・アン・レイ」という符号

サン・ジェルマン・アン・レイは、ルイ14世が生まれたお城を中心として発展したとても美しい街です。

コンサートが終わった夜のこと。その古城の前を通りかかった私は、突然胸がキューンとして、「自分はきっとまたここに来る」という不思議な感覚におそわれました。忘れないようにこの街の名を書き留めておこう。そう思ったのですが、自分では綴りがわかりません。同行していたフランス人女性に、「Saint-Germain-en-Laye（サン・ジェルマン・アン・レイ）」と名刺の裏に書いてもらって、帰路につきました。

東京に戻ると、病院通いがはじまりました。顔面の電気マッサージとビタミンの点滴注射を2時間も受けるのですが、顔は一向によくなりません。年明け早々にシャーリー・マクレーンを訪ねる（第2章参照）ことが決まっているのに、こんな引きつった顔で初対面を果たすのかと思うと、気が滅入るばかりでした。顔なんてどうだっていいと開き直ってみたとしても、唇が半分マヒした状態ですから、しゃべることすらうまくできないのです。

ところが、すでにお伝えしたように、シャーリーとの面会は無事に果たすことができました。年末からお正月にかけては、田村さんのお父さまの80歳のお祝いも兼ねて家族全員でハワイへ行ったのですが、滞在先のカウアイ島へ着いて一晩寝て起きたら、いっさいの顔面マヒは、痕跡も残さずケロッと治っていたのです。

それこそ奇跡が起きたのか、暖かいハワイの気候が良かったのか、単純に仕事から離れたのが良かったのかそれはわかりませんが、今も私は、ハワイといってもそこがワイキキのあるオアフ島ではなく、エルヴィス・プレスリーも亡くなる2週間前まで滞在していたという、とても霊的なパワーが強いカウアイ島だったからではないか……と考えているのですが、そのことはまたどこか次の機会に書くことにいたしましょう。

ともかく、あの騒ぎは何だったのかと思うほどすっかり元気になった私と田村さんは、ハワイでの休暇を終え、そのままロサンゼルスのシャーリーの元へ向かうことができたのです。

さて、長々と顔面マヒのことを書きましたが、実はここでお伝えしたかったのは、そのことではなくて、パリで立ち寄ったサン・ジェルマン・アン・レイのことなのです。

第2章では触れませんでしたが、実はシャーリーとの面談で一つ不思議なことがありました。

マリブのシャーリーの自宅に招き入れられた後、最初にそれぞれ自己紹介して名刺をお渡ししたのですが、受け取ったシャーリーが急に怪訝な表情になって「どうしてここに、こんな地名が書いてあるの？」とちょっと言葉を尖らせたのです。

シャーリーが見ていたのは、白紙であるはずの私の名刺の裏側で、そこにあったのが、あの「Saint-Germain-en-Laye（サン・ジェルマン・アン・レイ）」という走り書きでした。

一瞬ポカンとした後、ハッと気がつきました。パリでお城があった街の名前を書いてもらった時、メモ代わりに使った名刺は、確かにお財布にしまったはずでした。それがどういうわけか名刺入れに戻っていて、うっかりシャーリーに渡してしまったのです。

「この街は、地球上のどこよりも私にとっては特別の意味がある場所なのよ」

シャーリーは、それをどうしてあなたが知っているの？　とでも言わんばかりに、怖い顔をして私の目をのぞき込んでいます。

これは後にシャーリーの口から聞いてわかったことですが、確かにサン・ジェルマン・アン・レイは、彼女にとっていわくのある場所でした。

ご存知の方も多いでしょうが、シャーリーの最初の本『アウト・オン・ア・リム』は、彼女が〝妻子あるイギリスの政治家〟と恋に落ちて、その悶々とした悩みのなかで精神世界に深く入り込んでいくという自叙伝的なストーリーです。

実は、その恋のお相手が、1986（昭和61）年に暗殺されたスウェーデンの首相オロフ・パルメ氏のことだったのだそうで、2人が人知れず切ない逢瀬を重ねた思い出の場所が、あのサン・ジェルマン・アン・レイという街だったのだそうです。

私がシャーリーにはじめて会ったのは、パルメ氏が亡くなってまだ3年しか経っていない頃でしたから、名刺を見た彼女が複雑な反応をしたのもうなずけます。

シャーリーは2001（平成13）年に出版した著書『カミーノ 魂の旅路』（飛鳥新社）のなかで、このオロフ・パルメ氏の名前を明かしていますが、もちろん、あの時の私はそんな事実を知るよしもありません。

これがユングの言うところの「シンクロニシティ＝意味ある偶然」なのかどうかはわかりませんが、ただ、人と人との縁《えにし》は、見えない糸でつながっているのだということを実感した出来事ではありました。

自分がひどい顔をしてあの街にいたこと。美しい古城の前でなぜか無性に懐かしさを感じたこと。すべては、シャーリー・マクレーンという姉妹と思えるほど親しくなる人との出会いの予兆だったようにも思えるのです。本当に不思議な、それでいて胸が熱くなるような出来事でした。

予言されていたエルヴィスの死

もしすべての出来事に偶然はないとすれば、それは運命というあらかじめ決められたストーリーのなかで、起こるべくして起こることなのでしょうか。そして、もしその運命の行方を前もって知ることができるとしたら、私たちは自分の運命を変えることもできるのでしょうか。

そんなことを考えたのは、エルヴィス・プレスリーの訃報にふれたときでした。

私と田村さんにとっては大切なアイドルだったエルヴィス。私たちの出会いのきっかけでもあり、結婚に際しては証人として結婚の誓いにサインをしてもらうという奇跡を起こしてくれた人。そんな大切な人が天に召されたのは、1977(昭和52)年8月16日未明。私たちが結婚してわずか4年後のことでした。

この日、運命というものを深く考えさせられたのには理由があります。

当時、田村さんと私が親しくさせていただいていた友人の一人に、気学の世界ではたいへんな大家として知られる高橋秀齊《たかはしひでただ》先生がいらっしゃいました。

最初にご縁をいただいたのは田村さんでした。田村さんがまだ「オーディオ&ビデオ」を経営していた時代、社員の一人がいつまでも独身でいる彼を見かねて「社長、結婚できるように名前を変えたほうがいいんじゃないですか」と、半分は本気で改名を勧めたのだそうです。その結果、それもいいかと真に受けた田村さんが、「四柱推命という易学の素晴らしい大家だから」と人づてにご紹介いただいたのが、その高橋先生だったのだそうです。

先生から素敵な名前をいただいたのが良かったのかどうか、その1年後に結婚したのが私でした。以来、高橋先生とは家族ぐるみのお付き合いで、息子や孫の名付け親にもなっていただきました。

先生は、たとえば子どもが生まれる日など、まさか! と思うようなことまで予見して、ズバリ言い当ててしまう驚くべき能力をお持ちの方でした。幾つもの有名企業から顧問を依頼されている方で、田村さんなどはすっかり傾倒して、自分でも本格的に気学の勉強をはじめて、先生の生涯の弟子の一人でもありました。

先生を知る前は、田村さんも私も、気学は中国の占星術と同じように、統計学の一種だろうなどと考えていましたし、数学的な確率論からいえば、まあ、当たることもあるでしょうという感じで、それほど信憑性があるとも思っていませんでした。

ですが、シャーリー・マクレーンの『アウト・オン・ア・リム』を読んでからは、宇宙の法則や高次元の世界を知るようになり、高橋先生の鑑定には、そうしたものとつながる何か霊的なパワーが秘められている気がして、〝当たるも八卦、当たらぬも八卦〟という「占い」とは違うのではないかと考えるようになっていました。

ただ、名前や生年月日で人の運命が決められるということに関しては、少し納得できない気持ちもありました。名前にしても、日本人のように漢字であれば、その画数で良し悪しを見たりして、そこに何らかの意味が見つかりそうですが、それじゃあ、外国人はどうなんだろう？　と素朴な疑問が湧いてくるのです。

高橋先生にその疑問をストレートにぶつけたところ、外国人の名前でも命運は出せますよとおっしゃいます。ただ、できるだけ正確に、生まれた日と時間、生まれた場所を出してほしいとのこと。そこで、私が興味津々でサンプルとして差し出したのが、エルヴィス・プレスリーの情報でした。

名前　エルヴィス・アーロン・プレスリー
生年月日　1935年1月8日、朝7時半頃
生まれた場所　ミシシッピー州テュペロ

でも、そんなことをすっかり忘れた頃、半年ほど経って高橋先生から鑑定結果が届けられたのですが、わが目を疑いました。それはA3くらい大きな紙にプリントされた15枚ほどの厚い紙の束で、そこには、「れい子さん、あなたはエルヴィスの友達でしょう？　すぐに彼と会って、なるべく早く名前を変えるように。そして引っ越すように説得してください。さもないとエルヴィス・アーロン・プレスリーは、残念ながら来年1977年の2月から10月までの間に、ほぼ98～99パーセント間違いなく他界するでしょう」とあったのです。

えー！　来年？　他界？　そんなバカな……。

確かにその頃、エルヴィスは体重の増加に苦しんでいました。でも、新しい若い恋

人もできて、元気に全米ツアーを続けている最中でもありました。

高橋先生のお話では、気学では、人の生涯には4回から5回の「帰魂《きこん》」と呼ばれる年回りがめぐってくると考えられているのだそうです。帰魂とは、文字通り魂が天に帰る時のことで、最初の3、4回は、よくいわれる厄年のように、何らかのアクシデントが起こりやすい年回りなのだそうですが、最後のほうになってくると、いよいよその時が来るかもしれないのだといいます。

そして、長い時間をかけて調べた結果、エルヴィスの場合は、来年がその最後の帰魂の年にあたるというのです。しかもほぼ99パーセント間違いなく……。

「先生、命運は変えられないのですか？」

私はすがる思いで高橋先生にたずねてみました。すると、すでに手遅れかもしれないけれど、今からでも名前を変えて良い方位に引っ越しをすれば、最悪の事態は避けられるかもしれない、ということでした。そして、「れい子さん、一刻も早くエルヴィスに教えてあげて」とおっしゃるのです。

そう言われても、そんなに簡単なことではありません。エルヴィスには厳しいマネージャーによる鉄のガードが張りめぐらされていることは前にも書いた通りですし、いくら面識があったからといって直接コンタクトを取ることは不可能です。

それにたとえ連絡がとれたとしても、前段階としてまず古代東洋の気学を説明するのはむずかしく、彼の星である「三碧木星《さんぺきもくせい》」など、どう英語に訳していいのかさえわかりません。

そして何よりも、お母さまとの思い出を大切にして住んでいる家を引っ越しなさいなどとはとても言えませんし、世界中に知られるスーパースターの名前を変えさせようなんて、どう考えてみたって正気の沙汰とも思えません。

結局、話はそのままになり、鑑定書はデスクの引き出しにしまったままでした。

そして翌年1977年8月16日、それは現実になってしまったのです。エルヴィス・プレスリー享年42歳。「来年の2月から10月までの間……」という高橋先生の予見通りの無惨な結末でした。

魂はいつか元いた場所へ帰っていく

私は後にエルヴィスの一人娘であるリサ・マリー・プレスリーと会った時に、この鑑定書を持参して、可能な限りを説明。「お父さまには、どうしても伝えることができなかったの。本当にごめんなさい」と謝りました。

リサによれば、同じ頃、3人の女性がエルヴィス邸を訪ねてきて、同じことを告げていったのだそうです。まるでシェイクスピアの悲劇『マクベス』のような話ですが、エルヴィスはニコニコと笑って、彼女たちの話には取り合わなかったといいます。

「だから、気にしないで。きっとれい子さんが言ってくれたとしても、父は笑っていただけだと思うから」

リサはそう言って、逆に私をなぐさめてくれたのでした。

それにしても、易学が持つ力には底知れぬものがあります。

高橋先生からうかがったお話では、気学で特に重要視されているのが、土地が人に与える影響なのだそうです。方位では「方違《かたたが》え」といって、その人にとって禁忌とされる方角に行かなければならない時は、前日、いったん他の方角を通過してから行くべしなどとされるように、土地の持つ吉凶は無視できないくらい大きいものがあるといいます。

ですから先生は、ご自分の相談者には、「良い場所へ行ったら、そこの土をお茶碗一杯分くらい持って帰りなさい。反対に、悪い場所へ行ったら、靴の底についた土も

郵便はがき

料金受取人払郵便

牛込局承認

9026

差出有効期間
2025年 8 月
19日まで
切手はいりません

162-8790

東京都新宿区矢来町114番地
神楽坂高橋ビル5F

株式会社ビジネス社

愛読者係 行

ご住所 〒 TEL：　（　　）　FAX：　（　　）		
フリガナ お名前	年齢	性別 男・女
ご職業	メールアドレスまたはFAX メールまたはFAXによる新刊案内をご希望の方は、ご記入下さい。	
お買い上げ日・書店名 年　月　日　市区町村　書店		

ご購読ありがとうございました。今後の出版企画の参考に
致したいと存じますので、ぜひご意見をお聞かせください。

書籍名

お買い求めの動機

1　書店で見て　　2　新聞広告（紙名　　　　　　　　　　）
3　書評・新刊紹介（掲載紙名　　　　　　　　　　）
4　知人・同僚のすすめ　　5　上司、先生のすすめ　　6　その他

本書の装幀（カバー），デザインなどに関するご感想

1　洒落ていた　　2　めだっていた　　3　タイトルがよい
4　まあまあ　　5　よくない　　6　その他(　　　　　　　　　　)

本書の定価についてご意見をお聞かせください

1　高い　　2　安い　　3　手ごろ　　4　その他(　　　　　　　　　　)

本書についてご意見をお聞かせください

どんな出版をご希望ですか（著者、テーマなど）

そのままにしてはいけません。必ず靴を洗ってくださいね」と、アドバイスをしたりしておいでだったと聞きます。

でもなぜか先生は、私にはそういったアドバイスはいっさいしてくださいませんでした。「れい子さんは自分でわかっているから。音楽を聴くように、自分が納得できて気持ちが良いように生きればいいのよ」とおっしゃってくださるだけでした。

そんな高橋秀齊先生が、舌ガンによる壮絶な闘病生活の末、ちょうどコロナウイルスの騒動がはじまったばかりの2020（令和2）年にお亡くなりになってしまうのですが、私は入院中の先生に、「先生ほどの方が、どうしてご自分の運命がわからなかったのですか？」とたずねたことがありました。わかっていれば、ここまでひどくなる前になんとかできたのではないかという悔しい思いからでした。

すると先生は、「いいえ、わかっていましたよ。だからあの時、僕は自分のお葬式をしたじゃない。覚えていませんか？」とおっしゃったのです。

はて？　そんなことあったかしら？　と首をひねったのですが、そういえば、まだお元気だった頃、銀座のフランス料理屋さんで、ごく身近な人を50人ほど集めた先生主催のパーティがあって、確かその席で「今日ここに来てくれている人は、僕のお葬式に来てくれてる人だということですよ」と妙なことをおっしゃっていましたっけ。

何でもあの年が、先生最後の「帰魂」の年だったのだそうです。それがわかっていたから、親しい人たちと楽しくお別れの食事会をされたのだそうで、「それからさらに、これだけ生きたのだから良かったんじゃないの？」とのこと。先生の魂は、帰魂の年にすでに天に召されていたのですが、肉体だけはまだこの世にいて、その後、5年間も長生きをしてくださったのだということでした。

最後に先生にお目にかかった時、「れい子さん、ごめんなさいね。こんなたいへんな時に、あなたを置いていっちゃって」と言われて、私は涙が止まりませんでした。

長い間、本当にいろいろと可愛がっていただきましたけれど、先ほども書いたように、私は一度も自分から「あの場所へ行っても大丈夫か？」とか「この病気は治るのか？」など、先生にご相談をしたことはありませんでした。

「自分に聞きなさい。あなたはそれがわかる人だから」

そう言われてはいたけれど、「こんなたいへんな時にあなたを置いていく」って、いったいどんなたいへんな時が来るというのでしょう。

「東京に直下型地震とか……、来年は大きな地震でも来るのですか？」と聞いたのが、東日本大震災の後、先生がお亡くなりになる直前の２０２０年のこと。

「いいえ。来年は来ませんよ」

「それじゃ、その次の年？」

「いいえ。それも来ませんよ」

「それじゃ、『こんなたいへんな時にあなたを置いていっちゃって』って、どんな意味なのでしょうか？」

と先生にうかがってみても、先生はもう舌ガンで舌をなくした口元におだやかな笑みを浮かべて、手に持った小さなホワイトボードに、

「大丈夫。きっと大丈夫」と書いてくださっただけでした。

とても信頼していた気学の高橋秀齊先生。

第4章

崩壊と再生

神は誰のなかにもいる

私たちが失ったもの

　1990年代に入るとそれまでの好景気が一転、バブル経済が崩壊し、世の中は不況ムードに包まれていきました。

　そうした時代の空気を感じてはいたものの、私自身はもともとよりバブルのお祭り騒ぎとは無縁でしたので、何が変わるわけでもありません。いつもと同じように多忙そのものではあっても、平和な日々を過ごしていました。

　ところが、まだバブルショックが続いていた92（平成4）年のある日のこと。田村さんから「心配させるといけないから、今日まで黙っていたのだけれど……」と、想像すらしなかったことを打ち明けられたのでした。

　このバブル崩壊で、株に投資していた全財産が紙くずになっただけでなく、借金で自分の会社のビルや私たちの家もすべて二重三重の抵当に入っている。そして、もはや万策尽きて、ついに私たちの家を明け渡さなければならなくなったというのです。

　お金や数字に疎く、株など考えたこともなかった私にとっては、まったくの寝耳に水で本当に驚きました。

ですが、私のような仕事とは違って、エイトスター・ダイヤモンドのビジネスは、完璧なカットという理想を追い求めれば求めるほど、何個もの高価な原石を無駄にしてしまうというリスクを伴っています。田村さんなりに苦心して、投資で資金繰りをしていくしかなかったのでしょう。

ショックではありましたけれど、こんな時こそ夫婦は助け合わなければいけないと、逆に闘志が湧いてきました。幸い私の仕事は順調で、今日明日の食べものに困るわけではありません。

終の棲家だと思って住んでいた大好きな家を手放すのは確かに寂しくはありましたけれど、しょせんは家などはモノに過ぎません。また一から頑張ればいい話ですから、自分自身への励ましの意味も込めて、田村さんには「どこか小さなアパートにでも引っ越して出直しましょうね」と話していました。

それからの私は家探しに奔走していましたが、なかなか条件に合う物件が見つからないまま、年を越して、忘れもしない翌93（平成5）年3月15日のこと。

友人がプロデュースした海外からのオペラ公演を見て家に帰ると、田村さんの姿はなく、リビングのカウンターの上に、分厚い置き手紙がありました。

不吉な予感とともに封を切ると、冒頭に「ママへ」とあります。「信じられないことを今日は語る」との書き出しで、綿々と綴られたそれはA４の紙で10枚ほどもあり、なかなか要領を得ないものでしたが、要約すれば、「よそに女性ができて、その人との間に子どもが産まれる」という、まさかまさかの告白でした。「この子どもの命を助けられるのはママだけです。何とかあなたの力でこの子を産んで、彼女と僕に育てさせて欲しいのです」という言葉には、普通なら「何を身勝手な、ふざけるなー！」と怒りが爆発するところでしょうけれど、あまりのショックに怒ることさえできません。ただただ身体が震えて止まらず、私はへなへなとその場にへたり込んでしまいました。

結婚した年からその時までの20年間、私たちの関係はとても円満でした。

田村さんは、男友達からバカにされてからかわれるほど真面目な人で、お酒もタバコも夜遊びもダメな人。外食は好まず、夕方になると判で押したように家に帰ってきて、私や子どもと一緒に夕食を食べていました。

私は私で、仕事をするにもまず家族と家庭が最優先というスケジュールを組んで、持病の喘息で苦しんでいる彼のために、お手伝いさんの助けを借りながら、和食中心の身体に良さそうな献立を整えることにも意義や喜びを感じていました。

スピリチュアルな世界への好奇心も一緒なら、コンサートへ出かけるのも一緒。私たちは世界でいちばん仲がいい理想的な夫婦だと、置き手紙を読むその瞬間まで、そう思っていたのです。

その自信と思い込みは、音を立ててガラガラと崩れていきました。家や財産を失ったくらいでは人間の根っこの部分は傷つきませんが、信じていた人の裏切りの痛みはすべてをズタズタに切り裂いて、いつまでもダラダラと血を流させるものだということを、はじめてその時に体験しました。

悲しみのどん底に突き落とされて、絶望と孤独で死を考えたこともありました。息子がちょうどアメリカ留学の最中で不在だったので、母親が毎日、夜になっても眠れずに泣いている顔を見せずにすんだことだけが救いでした。

ダイヤモンドにあぶり出されたもの

いやもおうもなく、私たちがそんな別々の道を歩まなければならないとなった時、私が大きな抵抗を感じたのは、「それじゃあ、エイトスター・ダイヤモンドって何だったの？」ということでした。

比叡山戒壇院のご本尊に奇跡を起こし、シャーリー・マクレーンに「賢者の石」とまで言わしめたエイトスター・ダイヤモンド。

もし本当にこの石が特別なパワーを持った、調和と平和のシンボルだとしたら、こんなにあっけなく私たちの家庭が崩壊してしまうのはおかしいではないかと思ったのです。

確かに、石にはエネルギーがありました。エイトスター・カットが完成して最初に私が手に入れたのは、黄色いダイヤモンドのペンダントだったのですが、それはつけているだけで、本当に温かく私の身体を癒してくれました。

でもある時、田村さんから「君は、エイトスター・ダイヤモンドの広告塔でもあるんだから、もっといい石を身につけてくれないか」と言われてもらった透明で白く美しいハイ・クオリティのダイヤモンドは、私自身の持つエネルギーとはあまりにも違い過ぎました。まず身体が冷えるし、自分が考えてもいなかった潜在意識のようなものが、どんどん表に出てきて苦しくて仕方がないのです。

「私にはこのダイヤモンドは似合わないと思う」

そう訴えたのですが、「君自身がそのダイヤモンドのレベルに達してないからだ。石を替えるんじゃなくて、君がそのレベルになればいい」の一点張りで、まったく耳を傾けてもらえません。4Cというハイ・クオリティの1カラットもあるダイヤモンドのレベルといったら、お釈迦さまのように濁りのない意識で、個人の欲望や日常の悩みなど、きっと持つことも許されないのかもしれません。

ですが、そうやってさんざん努力して生きてきた挙げ句に、思いもかけないひどい裏切りにあったのです。

そんな悶々とした日々でしたが、それでも家を明け渡す日は待ってはくれず、私は引っ越しの作業に追われていました。

東京・四谷にあった家は、複雑な地形の上に建てられたもので、すぐ近くには二・

二六事件（1936〈昭和11〉年）で暗殺された斎藤実提督（内大臣）のお屋敷があり、そこからわが家の地下までは、かつて軍部によって造られたコンクリートのトーチカが続いていました。この家を買った時、私はそのトーチカを改造して、3万枚はあるレコードや資料を保管していたのですが、そこを片付けるのがひと苦労でした。薄暗い地下室で一枚一枚、大切なレコードを手にするたびに、茫然と涙がこぼれてきます。

前に書いたように、自分では理想的な家庭のつもりでした。ですが、財産を失い借金を背負った田村さんが、半年くらい私に打ち明けられないまま、まんじりともしない夜を過ごしていたことを、私は気づいていませんでした。置き手紙のなかに、「いつも君に対してはダメな面、みっともない面を見せたくなかった」とあったように、私はどこか人を身構えさせてしまうような、堅苦しい奥さんだったのかもしれません。

田村さんもまた、バブルがはじけて膨大な借金を背負うという絶望と孤独のなかにいて、その逃げ場としてほかの女性との出会いがあったのだとしたら、それを私は責められるのでしょうか。

私は田村さんを心から尊敬して、必要としていたのだろうか。かけがえのない人として、本当に大切にしてきたのだろうか……。

果てしない自問自答のなかで、心も身体も疲れ切って消耗していくばかりでした。

アガスティアの葉

その頃の私をしばし慰めてくれたのは、翌1994（平成6）年に、インドのプッタパルティから送られてきたアガスティアの葉の予言でした。

インド古来の言い伝えでは、リシと呼ばれる神秘的霊力を持つ聖人が、すべての人間の過去、現在、未来を知っていて、それをヤシの葉に記録したとされており、その葉を探し出せば自分の未来が占えるといわれる有名なもので、インドでは「アガスティアの葉の予言」として今も信奉されているのだそうです。

それを日本に紹介したのは、『理性のゆらぎ』（三五館）というベストセラーを出した青山圭秀《あおやままさひで》さんという方で、当時まだ30代の東大卒の若き理学・医学博士が、東洋の神秘的思想や伝承医学を体験的におもしろく紹介してくれたとあって、話題になっていたのでした。

私が青山さんと知り合ったのは、彼が『理性のゆらぎ』を出された後で、『アガスティアの葉』（三五館）を出版するよりも前のことでしたが、「こういう予言があるのですが、近々またインドへ行きますので、もしご興味があるようなら湯川さんのアガスティアを頼んであげましょうか」と申し出てくださり、ぜひ！　とお願いしていたのです。

料金は確か1500円程度と良心的で、後は親指の指紋を押した紙と、私の生年月日、本名、生まれた時間と場所、両親や配偶者の名前など、基本的なことだけを書いてお渡ししました。

それは田村さんの置き手紙があった後のことでしたから、自分たちがなぜこんなことになってしまったのか、2人はこれからどうなるのか、子どもの将来は？　など知りたいことは山ほどありました。ただ、激動の日常生活のなかで、いつしかアガスティアの葉のことなどすっかり忘れていたのです。

それが届いたのは1994年の1月22日、私の誕生日でした。

当時は、絶望と孤独から何とか抜け出したくて、重度障害のある子どもたちのためのボランティア活動に打ち込んだりしていて、その日も一日子どもたちの施設で過ごして帰宅したばかりでした。

机の上に置いてあった郵便物のなかに、今にも破れそうな粗末な茶色の紙に包まれた、明らかに外国からとわかる荷物がありました。

何かしら？　と手に取って開けた瞬間、「AGASTYA NAD」という字が目に飛び込んできて、そこではじめて「あ、アガスティアの葉だ！」と記憶がよみがえったのでした。

なかには小さな赤いノートが2冊入っていて、めくると細かい英語の文字がびっしりと書き込まれています。どうやら古代タミール語で書かれたアガスティアの葉の予言を、まず現地の人が読んで、それをプッタパルティに住む大学教授の方が英語に訳してくださったもののようです。

「その過去生において、何らかの徳ある善行を行った者のみがアガスティアの葉の予言を受け取ることができる。仮に予言を受け取っても、その者が神を崇め正しい行為のもとに人生を送らない限り、このリーディングの結果がその通りになるとは限らない」

そんな前置きに続いて、私のインドでの過去生と、次に中国の上海で生まれた時の名前、仕事、死んだ年などが書かれています。

そしていよいよ今生ですが、星の配置によれば、私の場合「2年6か月と7日」という星のめぐりをひと区切りとする運勢を持つとのことで、それぞれの区切りごとに、どのようなことが起こるかが細かく書き連ねてありました。

生まれてからのことを順番に読み進め、ついに現在に近づいたところで、私の目はある箇所に釘付けになりました。

「1993年2月17日から1996年2月17日に至る時期は、彼女にとって重要、かつ良き期間である。名声、人気、評判、収入などすべてにおいて恵まれた年であり、より良き前進が約束されているものである」

と書いてあるではないですか！　そんなバカな。ウソでしょう？……。

田村さんの置き手紙があったのが1993年3月15日で、その時から私はまさに悲しみと絶望に打ちのめされてきたのです。私にとってはとても「良き恵まれた期間」などであるはずがありません。

普通なら、こんな占いに期待した自分が悪かったのだとがっかりして、それで終わらせていたかもしれません。ただ、その時の私は、どこかでこのメッセージに救われた気もしていました。

それまでは、どうしてこんなことが起こるの？　どうして一生懸命生きてきた私がこんな目に遭うの？　と、ただ嘆き悲しむだけでしたが、人智を超えた世界から見れば、それが素晴らしい出来事のはじまりかもしれないのです。

真っ暗闇のどん底だと思い込んでいたのが、ふと上を見たら、一条の光が差しているような、そんな感覚になって肩の力がスーッと抜けた気がしました。

結局、アガスティアの葉の予言は、最後のページまで私と田村さんとの間にどんな因縁があったかには何も触れず、「夫を見送った3年後に、彼女は子どもや孫に囲まれながらこの世を去る」と締めくくられていました。

それは2015年6月最後の水曜日、夕刻6時55分とのことでしたが、これを書いている2024（令和6）年の今、私は孫にめぐまれながらも、こうしてまだちゃんと生きているのですから、やはり予言は大ハズレだったとしか言いようがありません。

ちなみに、この予告された死の時間、私は何をしていたのだろうと手帳を調べてみたところ、ロックバンド『ゴダイゴ』のミッキー吉野さんと、中華料理店で楽しい時間を過ごしていたことがわかりました。

占いや予言というものは、その程度のものなのかもしれません。

そう、でも「人間万事塞翁が馬」の喩え通り、一見不運に思えたことが幸運につながることもあるのが人生です。そして実際に、あの「重要な良き期間」といわれた、私の人生で最も苦しい時間があったからこそ、やがて田村さんとも最高の親友として、この上なく貴重な日々を送ることができたのです。まさしく奇跡というのは、それが起こっている時は奇跡の顔をしていないから、決してわからないのですよね。

誕生日の夜にアガスティアの葉の予言を受け取ってからは、私も少しずつではありますが前を見ることができるようになっていきました。今にして思えば、あの頃の私にとって、それはとてもありがたいバースデー・プレゼントだったのです。

そして今、こうしてこの本を書きながら、アガスティアの葉に書いてあった「1993年2月17日から1996年2月17日に至る期間は、彼女にとって重要、かつ良き期間である。名声、人気、評判、収入などすべてにおいて恵まれた年であり、より良き前進が約束されているものである」という予言を考えてみると、結果的にすべてその通りになっているのです。

私は田村さんと、最終的には、結婚していた頃よりももっと仲が良い最高の友人として時を過ごすことになりましたし、私自身の仕事のキャリアの上でも、文句のない人生を過ごすことができたのですから。

ガンの疑い

プライベートで何があっても、仕事は待ってはくれません。1995（平成7）年に入っても、相変わらず私には超多忙な日々が続いていました。

けれども家庭の崩壊という大きなショックと喪失感は、知らない間に免疫力を低下させて私の身体をむしばんでいたのでしょう。どこがどうというわけではないのですが、なんとなく体調が思わしくないのです。簡単な打ち合わせをしたぐらいでも妙にガクッと疲れてしまうことが多く、慢性的な頭痛や歯ぐきの腫れ、背中の痛みなどに悩まされていました。

それが深刻な事態になったのは、今からちょうど30年前の6月1日、ロサンゼルスへ向かう飛行機のなかでした。さあ、少し眠ろうとワインを一杯飲んだ頃から、左の肩甲骨の下あたりに差し込むような激痛が襲ってきたのです。強い圧迫感で息もできない苦しさです。

ロサンゼルスへ行ったのは、今期からアメリカの大学に入学した息子のアパート探しのためでした。ですが、現地についても痛みは消えず、母親業もそこそこに、急いで病院に駆け込むことになりました。

病院では、膵臓に何かできているかもしれないからと、CTスキャンや超音波（エコー）、MRI検査まで受けたのですが、何も出てきません。膵臓は胃の後ろの深いところにあるため、こういった検査では発見されないことが多いのだそうです。

ただ、血液検査の数値からいっても、身体のどこかに炎症や腫瘍があるのは確かだとのことで、胃や肝臓に何も見つからない以上、膵臓の可能性が高いとのこと。結局、全身麻酔で膵臓に直接内視鏡を入れて中を見るしかないという結論になりました。

膵臓の十二指腸に近いふくらんだ部分を頭部といいますが、その頭部にガンができている場合は、通常かなり強い黄疸症状が出るのだそうです。ですが、私にその症状はありません。幅の狭い尾部にできている場合は、背中に痛みが出ることが多いので、多分それだろうという見立てでした。

ところが、実際内視鏡で撮った映像では、頭部にも尾部にも何も写っていません。結局、問題は膵臓中央部のランゲルハンス島と呼ばれる部分だろうから、これは日本に帰国してからゆっくり調べてほしいという話になりました。

切るか、切らないか

日本では、以前お世話になったことのある北里病院で診察を受けたのですが、アメリカでの検査結果も精査してくださった上で、やはり「限りなくクロに近い」とのこと。膵臓ガンはガンのなかでも進行スピードが抜きん出て速いため、今すぐ開腹手術をして組織検査をし、悪性であればそのまま切除したほうがいいとおっしゃいます。

そして、もう一つ提案された治療法が「養子免疫療法」というものでした。

これは、抗ガン剤などの薬でまだ汚れていない血液を取り出し、体外でキラー細胞(ガンなどの異常細胞を攻撃する細胞)を増殖させて免疫力を高めてから再び体内に戻すという方法で、1995年当時、東京の北里病院と京都府立医大とで実験的に行われていた療法でした。

手遅れにならないうちに、本来なら開腹手術を受けたほうが良かったのでしょうが、その場合最低でも2週間の入院が必要なのだそうです。私にはその時間がありませんでした。翌週7月5日から開催される、インド世界音楽祭に参加する予定だったからです。

インド世界音楽祭は、約2万人の聴衆を集め、世界19か国の国々から音楽家が参加する盛大な音楽の祭典です。私は全体の音楽総監督と同時に、日本チームの演目の企画から構成、出演アーティストの交渉に至るまですべてを任されていました。

そのために長い時間をかけて準備し、日本神話のイザナギ、イザナミの物語をモチーフにした幻想的な舞踊劇ができあがっていました。当時はまだ世に出たばかりの雅楽奏者の東儀秀樹さんをはじめとする音楽家や舞踊家のご協力で、後は演者とスタッフを含めた360人の方々と一緒に出発するばかりだったのです。

お引き受けした以上、私には責任がありました。とにかくインド行きを最優先とし、この時点では養子免疫療法をやっていただくことだけを決めていました。そして出発前に約500ccの血液を採取し、体内に戻す治療は帰国してから受けることをお医者さまとお約束しました。

アメリカにいる息子にこの話をしたところ、「いったい何を考えているんだよ！今すぐ手術をすべきだよ!!」と大反対です。

でも私は、どうしてもインドに行きたかったのです。ただ責任をまっとうするためだけではなく、私自身の心が願うことだったからです。手術を選択しなかったことでたとえ命を落としたとしても、最後まで私らしく、自分のクオリティ・オブ・ライフを大切にする生き方を選びたいと強く願っていました。

7月5日。私と参加メンバー一行は、チャーターした大きな飛行機で予定通りインド南部のバンガロールに向かって飛び立ちました。私の身体を心配して帰国していた19歳の息子も、学校が夏休みだったこともあって、一緒に行ってくれることになりました。

サイババと奇跡

このインド世界音楽祭の運営は、日本のサイ・センターが統括していました。

サイ・センターというのは、インドのスピリチュアル・リーダーとして知られたサティア・サイババによって設立された団体です。

サイババって、あのサイババという人？　と聞き覚えのある方もいらっしゃることでしょう。

つまんだ指先からこぼれる白い灰が不治の病を治したとか、何もない空中から指輪やブレスレットなどを出現させた……など、数々の奇跡を起こす聖者として、世界中から注目された人物です。１９９０年代には日本国内でもメディアに取り上げられるようになり、この音楽祭が開催された頃には、日本でもかなりの有名人でした。

ところがある時から、奇跡はねつ造された、ただのマジックだというバッシングが相次ぎ、結局、一過性のキワモノ扱いされて日本でのブームは去っていき、サイババさまの真実は誰も知らないまま、日本人の記憶からは消えていったのです。

ただ、氏の名誉のために書き残しておくと、サイババさまは、カースト制が残るインド国内において「すべての人を愛し、すべての人に奉仕せよ」というシンプルな教えを説き、数々の無料の学校や病院の運営、貧しい地区への水道など、インフラ設備の供給といった社会奉仕活動で高く評価されておいでの聖人でした。また、自ら設立したインド国内にある小・中・高・大学88校、およびインド国外の41校などで、実際に教鞭をとる教育者であり、１９６８年から88年までの講演を集めた教育論が現在も出版されていますし、知識偏重の教育ではなく、「教育の目的は人格」と説く教育論は、今も高く評価されている聖者です。

そしてサティア・サイババさまは、2011（平成23）年4月24日に84（インドの数え方では85）歳で亡くなられましたが、パティル・インド大統領やシン首相、ダライ・ラマ14世などが出席してインド政府による大規模な国葬が行われたことからも、「サイ・ババ（聖なる父）」の名の通り、人々の尊敬を集めた偉大な教育者、そして精神的な指導者だった方で、私は今も日本のメディアでの扱いには恥ずかしいものを感じていますし、心から大好きな方でもあります。

アフロヘアの聖者？

実は私がサイババさまのお名前を知ったのは、それよりもかなり以前に遡ります。最初は1970年代初頭のサンフランシスコ。ちょうどアメリカ西海岸を中心に、サブカルチャーの一つとして、東洋のスピリチュアルな伝統や瞑想などニュー・エイジのムーブメントが広がっていた頃です。

現地で知り合ったアメリカ人が興奮気味に、「インドにはすごい聖者がいるらしいよ。その人の近くに行っただけで、どんな難病も治ってしまうんだって！」と1枚の写真を見せてくれたことがあります。

写っていたのは、オレンジ色のローブを着た、アフロヘアのインド人男性です。ですが、聖者といわれても、私には当時流行していたR&Bの黒人ミュージシャンのようにしか見えず、「へぇ、そんな人もいるの」程度で、話は終わりになりました。

それからさらに20年近くも経った1989（平成元）年。「これ、興味があったら見てみて！」と友人が持ってきてくれたビデオのなかに、見覚えのあるアフロヘアの男性がいたのです。それがサイババさまでした。

世界中から信奉者が集まるなか、サイババが空中で右手をクルクルと回すと、次の瞬間ヴィブーティ（神聖灰）と呼ばれる白い灰が指先からサラサラとこぼれ落ちてきます。それが信奉者たちの病をたちどころに癒すとされる奇跡の灰だということでした。そして空中からダイヤの指輪などを取り出す物質化現象もしっかりと映し出されていました。

このビデオはカリフォルニアのプロダクションが制作したドキュメンタリー作品で、映像には歓喜の表情でヴィブーティを両手で押しいただく人々の姿や、ババさまの足元に額をつけて拝むインドの大学教授や政府高官の姿もとらえられていました。解説によれば、大きなイベントのある日は、普段は何の変哲もないブッタパルティという村に、国内外から何十万人もの人が押し寄せてくるのだそうです。

このサイババという人は、キリストやお釈迦さまのような奇跡を起こして人々を救うところから〝神の化身〟と崇められているということでした。

私自身は、自分と同じ肉体を持った人間を神さまと呼ぶことには、その当時からも今も抵抗があります。ただ、奇跡は本当に奇跡なのか、その真偽を実際にこの目で見て確かめてみたいという好奇心だけは、どんどんふくらんでいったのです。

自分のなかに神はいる

サイババという人に会うチャンスに恵まれたのは、それから間もなくでした。

１９９０（平成２）年1月に、ダライ・ラマ法王14世にエイトスター・ダイヤモンドを奉納させていただいた折りのこと。せっかくインドまで来たのだから、その後でサイババさまをお訪ねしたいのですが、と法王にご相談したところ、つい先頃、世界宗教者平和会議というのがインドであって、そこで顔を合わせたばかりだからと、快く紹介状を書いてくださったのです。

ラマ法王の亡命政府があるインド北部のダラムサラから、南部にあるババさまのお膝元バンガロールまでは、ほぼ一昼夜の旅でした。田村さんとラマ法王さまを訪ねた時の友人たち一行も一緒です。この時は、やがて離ればなれになるとも知らず、私たちはまだとても仲の良い夫婦だったのです。

ババさまの拠点は、バンガロールの空港に近いホワイトフィールドと、車で約3時間ほど行ったところにあるプッタパルティの2か所にあり、そのどちらかでババさまは朝晩一度ずつ、大勢の信奉者が集まっているところにお出ましになり、ダルシャンと呼ばれる祝福の儀式が行われているそうで、祝福とは神の恵みを授けることで、くだんの白い灰が配られるのも、その祝福の一つだということでした。

この日私たちが体験したのは、ホワイトフィールドにあるサイ大学（サイババさまが創設した大学の一つ）のキャンパスで行われたダルシャンでした。ちょうど湾岸戦争のさなかで、アメリカやヨーロッパからやってくる信奉者は少なかったのですが、それでも肌の色や髪の色もさまざまな２０００人近い人々が集まり、たいへんな賑わいでした。

そしてついに、その時間がやってきました。

オレンジ色の薄いローブ姿で現れたババさまは私たちのすぐ近くまで来て足を止めると、右手をクルクルと水平に回します。ビデオで見たあのヴィブーティを出す時の手つきです。右手は空中にあり、ローブの袖もひらひらと揺れていて、そこに何かを隠し持っている様子はありません。

そしてアッと思った瞬間、つまんだ指先から本当にサラサラサラサラと、とめどなく白い灰がこぼれ落ちて、周囲からはどよめきの声。私の目と鼻の先で、まさにマジックのような奇跡が起きたのです。

エイトスター・ダイヤモンドを入れた仏像に、仏師が彫った覚えのない手相が出現

インドの人々のために多くの善行をされたサイババさま。

した時もそうでしたが、常識では考えられない物事を目にした時、人の思考回路はパタッと遮断されてしまうようで、私は両手で口を押さえたまま、ただ「ウソみたい……」と小さくつぶやくのが精一杯でした。

そんな不思議な世界でもダライ・ラマ法王の紹介状は威力を発揮してくれて、私たちは特別に別室に招かれ、直接ババさまと言葉を交わす機会をいただいたのですが、そこではもう一つの奇跡、物質化現象も目の当たりにすることになりました。

ヴィブーティの時と同じように、ババさまが無造作に手を回しただけで、瞬時に手のひらに物が出現するのです。

取り出してくださったのは、私にはオレンジ色のペンダントヘッド、田村さんには金のメダルの置物でしたが、とりわけ置物のほうは大きくてずっしりと重たいものでした。なにしろ直径4センチほどのメダルに、裏にフェルトが貼られた台座まで付いているのですが、こんなものが本当に空中から現れるとは、にわかには信じられません。

特に疑り深い私などは、驚きで茫然としながらも、「これは本当にトリックではないんだろうか？　身につけているローブは薄くて、袖も身体も透けて見えるから隠しようがないとしても、あの綿飴みたいなアフロヘアのなかはどうなんだろう？」と、ババさまの一挙手一投足を穴が開くほど見つめたものでした。

もし、仮にこれがトリックだとして、何十年もの間、毎日そんな苦労をしてトリックを続けることで、ババさまには何の得があるでしょうか。

帰依者からお金を取ることもなく、活動はすべてボランティアでまかなわれている上に、貧しい人たちが無料で通える学校や病院をつくり、本人は素足にローブ一枚身につけただけで、何かを所有することもない。それを考えると、奇跡が本当かどうかを詮索して、それがうまくできたマジックか手品だとしてそれを暴いても、果たして幸せになる人がいるのかどうかさえ疑問です。

書物によれば、ババさまが奇跡をお見せになるのは、神は本当に存在するということをわかりやすい形で人々に伝えるためなのだそうで、ババさまの教えのなかには、「神はあなたのなかにもいる。自分の神性に気づきなさい。自分が無上の存在であることを信じなさい」という強いメッセージが込められていました。

カースト制が根強く残るインドでは、路上で生まれ、路上で死んでいくしかない人がたくさんいます。憐れみを乞うことでせめて物乞いで食べていけるようにと、わが子の目を針で突き刺して失明させる親もいます。未来に希望などないこうした人々にとって、「自分のなかに神がいる」というババさまの教えを信じることだけが、もしかしたら唯一の救いにもなるのかもしれません。

私自身、家庭の崩壊という思いもかけない悲しみのどん底に突き落とされ、一時は絶望して、自分の傲慢さや弱さを責めたこともありました。そんな時にババさまの言葉を読み返してみて、こんな自分のなかにも光はあるのだと勇気づけられたのです。

そして足の速い膵臓ガンを切るかどうかの決断を迫られた時に、私はババさまという人に、もう一度だけでも会ってみたいとの思いを抑えられなくなっていました。

あれ以来、心酔して頻繁にインド詣でをすることはなかったし、人に勧めることもありませんでしたけれど、ただ私は、ババさまの教えそのものに嘘はないと感じていました。だから病を押してでもインドの世界音楽祭に行きたかったのは、それがババさまと再会できるきっと最高のチャンスでもあったからでした。

1分置きのトイレ通い

音楽祭が行われるプッタパルティに無事到着して、いよいよ明日は本番、という日の夜のこと。東儀秀樹さんの相手役としてイザナミを踊ってもらうために同行していた妹分の中川ヨウちゃん（ジャズ評論会）が、夜中に「あっ、痛タタタ……！」と腹痛を訴えて、何度もトイレに起きるというアクシデントが起こりました。

7月のインドはものすごい暑さで、各国から来た参加者の部屋にはミネラルウォーターが箱ごとドンと運ばれてきたのはいいのですが、多分、その水がいけなかったのでしょう。

密封されているはずのビンのフタは、あれ？　と手応えなくヘンに開いてしまうし、飲もうとするとムッと泥臭い匂いがしました。ですが、稽古中は喉が渇くし、他に飲み物はありません。大丈夫だろうと思うことにして、みんなそのミネラルウォーターを飲んでいたのです。

私もその一人で、最初はヨウちゃんが起きるたびに「かんべんしてよ。そんなにしょっちゅうトイレ通いをされると私も眠れないよ」などと、人の苦しみも知らずぼやいていたのですが、明け方には、私自身も激しい腹痛がはじまっていました。

身体は火を吹くように熱く、それでいて全身ガタガタと寒気に襲われます。熱を計ってみたら39度8分と、経験したこともない高さです。

それでも私が音楽総監督でしたから、開幕に穴を開けるわけにはいきません。翌朝は現地のインド人のお医者様にペニシリンの注射を打ってもらって、なんとか打ち合わせをこなし、リハーサルを行って、音楽祭は予定通り幕を開けました。

夜、這うようにして宿舎に戻ると、熱はなんと40度。ペニシリンの注射も、そのときいただいたお薬も効かず。昨夜よりひどい1分置きのトイレ通いで、まんじりともできない地獄の一夜を過ごしました。

そして翌日はいよいよ日本チームの出番で、早朝からリハーサルです。私は一足先に会場のアシュラム（寺院）に行き、黒御影石が敷きつめられた冷たい床にペターッと顔をつけて横になりました。そうしていると、身体が少し冷えて楽なのです。

その時、突然ババさまがステージに出ていらっしゃいました。この会場はババさまの住居と背中合わせの場所にあり、音楽好きのババさまは、こうして時々ひょいと顔を出してはうれしそうに稽古を見学していらしたのです。

「こちらへおいで」と手招きされてステージの下に行くと、「病気か？」とババさま。

「はい、そうです」とお答えすると、「食べ物が悪い」と即座におっしゃいます。

私は、「いえ、こちらで出された水が原因です」と説明したのですが、「ノー、ノー。あなたの食べ物が悪い」の一点張りです。

〝私の食べ物〟だと言われても、今はインドにいるわけですから、その時はピンと来ません。目の前でヴィブーティを出してくださり、「これを眉間の第三の目に指でつけ、残りを舐めれば治る」とおっしゃるので素直に舐めてみても、そんな奇跡はいっこうに起こりませんでした。

結局、その日も注射とお薬で40度の熱や痛みを抑え、ついに私たちのステージの本番です。まず私の英語のナレーションがあって、続いてワッショイワッショイと賑やかに日本の御神輿が出てきます。

そしてメインは、東儀さんの振り付けによる幻想的な舞踊劇です。その年起きた阪神・淡路大震災で亡くなられた方への鎮魂の祈りを込めたこの踊りは、黄泉《よみ》の国で離ればなれになったイザナギとイザナミが再び出会い、愛の誓いの舞とともにファミリーとして再生するという、映画『黒いオルフェ』からヒントを得て、私が東儀さんと相談しながら組み立てていった創作舞踏劇でした。私もしばし体調の悪さを忘れるほど美しく感動的で、やはりインドに来て良かったと思えたものでした。

その後も40度近い熱は続いて、吐いたりトイレに通ったりで、もはや私の身体中のすべてが流れ出てしまったのではないかと思った7日目の夕方くらいから、やっと熱が下がって、私はなんとか帰国できるだけの元気を取り戻したのでした。

日本人だけがなぜ倒れるの？

少し余談になりますが、フラフラになりながら毎日ペニシリンの注射を打っていただいていた時、インド人のお医者さまから「どうして日本人だけが病気になるのですか？」と聞かれたことがありました。

そういえば、世界19か国もの人々が参加していたのに、バタバタ倒れてお医者さまのお世話になるのは、なぜか日本人だけ。フランスから来ていたグループのなかに、一人ちょっと具合が悪くなった女の子がいたことは聞きましたが、他はどこの国の人もみなさんピンピンしているのです。ヘンだなぁとは思いましたが、この時はあまり深く考えることもありませんでした。

ところが日本に帰ってからのこと。インドネシアのバリ島に行ってコレラにかかったという人から、同じように現地のお医者さまから「どうして日本人だけがコレラになるのですか？」と言われたと聞きました。

翌年、私自身もバリ島に行ったのですが、やはり現地の人から「この島にはコレラ菌がいないのに、日本人だけがなぜかコレラにかかるのですよ」と、不思議そうに首をひねられたのです。

その夏には、O157の食中毒問題が起こり、当時、厚生大臣だった菅直人さんが風評被害を受けたカイワレ大根をむしゃむしゃ食べてみせて、「ほら、大丈夫」とアピールするなど騒動になりました。あのO157の菌にやられたのも、近隣諸国では日本人だけだったということでした。

そこでやっと気がついたのが、ババさまの「あなたの食べ物が悪い」という言葉の意味でした。

考えてみれば、日本人の衛生観念は、潔癖症ともいえるくらい徹底しています。水道の水も塩素や消石灰などで二重三重に完全殺菌されていてクリーンですし、テレビCMでは、食器洗いも家の掃除も食べ物も、当たり前のように「除菌！」「殺菌！」の言葉が踊ります。

ただ、悪い細菌をやっつければ、同時に良い細菌までもが排除されてしまいます。それがかえって、私たちがもともと持っているはずの体内の抵抗力や免疫力を奪っているのではないでしょうか。昔に比べてアトピーやアレルギーが増えたのも、ひょっとするとそんなところに原因があるのかもしれません。ババさまがおっしゃりたかったのは、そのことだったのではないかと思うのです。

あんなインチキなミネラルウォーター、飲まなければよかった……と恨みがましい気持ちでしたが、原因はきっと身体を過保護にしてきた私自身にもあったのです。

そして驚いたことに、実はそのインチキ・ミネラルウォーターが私を救ってくれたことに、その後しばらく経ってから気づかされたのでした。

ガンが消えた？

帰国から約2週間後、私は北里病院の外来を訪れました。養子免疫療法の続き、つまり、インドへ発つ前に採取した血液を、免疫力を増幅させた上で再び体内に戻すという治療を受けるためです。

その時、検査をしたのですが、お医者さまが「あれ？」という顔をされました。腫瘍マーカーの数値が、インドに行く前と比べて明らかに改善しているとおっしゃるのです。

「何かしたんですか？」と聞かれましたが、「いえ、何もしていません」とお答えするしかありません。

「インドでは水が悪かったのか、10日間近くも40度の熱が続いて……」と、ことの顛末をお話ししたところ、「ああ、それかもしれませんね」とお医者さま。おもしろかったのは、そのお医者さまの胸の名札を見たら「上馬場」と書いてあって、「あ、ババさまの上を行く人だ！」と思ったことでした。そして私が熱を出したのが南インドのプッタパルティというところだったと言うと、いともあっさりと、「あ、サイババさんのところですね」と。そして、「僕もインドの伝統医療のアーユルヴェーダを勉強したことがあるんですよ」とのことでした。聞けば、ガン細胞というのは熱に弱く、その性質を利用してガンをたたく治療法もあるのだそうです。私の場合、高熱が出たことによって、意図せずにそれと同じ効果を得た可能性もあるかもしれない、ということでした。

汚い話で恐縮ですが、インドでは宿便までが出尽くしたという感じで、ドロドロに濁った身体の汚れが流れ出て、どこかスッキリとした感覚がありました。ガン細胞も汚れとともに流れ出てしまったのでしょうか。いずれにしても手術の必要はなくなったということだけは確かで、このまま様子を見ましょうということになりました。

ガンが本当に消えてくれたのであれば、こんなにうれしいことはありません。ただ、「限りなくクロに近い」と言われながらも、そもそも私のガンは膵臓のどの部分にできたものなのか、内視鏡でも判然とはしませんでした。うがった見方をすれば、もしかすると消えたのではなく、はじめからなかったのでは？　と考えることもできます。

でも、足が速くて半年もしたら命を失うと言われた膵臓ガンがもしなかったとしたら、あの背中の痛みや異常な疲労感は何だったのか説明がつきません。

すべては自分の身体が知っている
——Ｏ‐リングテスト

なんとなく釈然としない思いでいた時、ハッと頭に浮かんだのが、Ｏ‐リングテスト（オーリングテスト）の存在でした。

Ｏ‐リングテストとは、正式には「バイ・ディジタル・Ｏ‐リングテスト」といって、ニューヨーク在住のお医者さまで、心臓研究の世界的権威として名高い大村恵昭《おおむらよしあき》博士が考案したといわれる診断法です。

簡単にいえば、人間の身体そのものをセンサーとして、そこから発せられる信号をキャッチすることで、体内の情報を検出するというものです。

具体的には、まず患者が親指と人差し指をくっつけて輪っか（O‐リング）をつくり、もう一方の手で身体のあちこちの部位に触れたり、薬や食物などを持ちます。

そんな状態で、診断者が患者のO‐リングを開かせようとすることで、指の力の強弱を判定します。開かせまいと抵抗して輪っかが簡単に開かなければプラス、開くようならマイナス。たとえば患者がもう一方の手にある薬を持って、O‐リングをつくった指があっけなくパカンと開いてしまえばマイナスで、その薬はその人には合わないと判断することができます。

とても不思議ですが、自分のことは自分の身体が知っているということなのです。

この「バイ・ディジタル・O‐リングテスト」は、1983（昭和58）年にアメリカで特許を申請、91（平成3）年に正式認可を受けています。日本では、86（昭和61）年に大村博士が書かれた『図説・バイ・ディジタル・O‐リングテストの実習』（医道の日本社）という本の初版が出版されました。専門的で少しむずかしいのですが、私もその当時に購入していて、興味深く読んだものでした。

Ｏ－リングテストを活用すれば、高度な医療器具や身体に負担がかかる検査なしでもウィルスやガン細胞を検出したり、適切な薬の種類や分量を知ることができます。

これはきっと未病の発見や予防にとって大きな力になるに違いない。そう強く感じた私は、いつか機会があったら一度このテストを受けてみたいと考えていたのです。

ニューヨークまで大村博士に会いに行ってみようかしら……と考えながら、本棚にあった前出の本を引っぱり出してみると、巻末に日本バイ・ディジタルＯ－リングテスト協会の連絡先が書かれていることに気がつきました。

よし、これだ！ と電話をすると、大村博士は年に2回ほどＯ－リングテストの学会のために帰国されるけれど、前もって予約は取れないとのこと。どなたか見てくださるお医者さまは他にいらっしゃらないのかうかがうと、日本の協会の会長であり、学会の責任者である下津浦康裕先生という方が、九州の久留米で診療所を開いていらっしゃると教えてくださいました。今から半年先なら予約を入れることもできるというので、私は早速申し込みのファックスを送り、診察日は、翌96（平成8）年の1月31日と決まりました。

下津浦先生は、病床数では日本で2番目に大きいといわれた久留米市の聖マリア病院の内科部長だったという西洋医で、ご自分のクリニックを開業してからはまだ2年目ということでした。ニコニコとしたとても柔和な優しそうな先生で、地元でも人気なのか、待合室はお年寄りや子どもたちでいっぱいでした。

O－リングテストによる診察は、こうした一般の内科の患者さんの外来が終わった後の午後3時からはじまります。

検査は、当時は先生と患者（私）の間に看護婦さんという第三者が入る方法で行われていました。看護婦さんが、手に持った細い金属棒で患者の身体のいろいろな部分に触れていき、そのたびに看護婦さんの指のO－リングを、先生がご自分の親指と人差し指でパッパッと開いていきます。そうやって全身をくまなくチェックして、反応が弱かった部分、つまり問題がありそうな箇所を特定していくのです。

ひと通り終わった時、先生がおっしゃったのは「膵臓のなかに何かありますね」という言葉でした。もちろん膵臓ガンの疑いがあったことなど、事前にひと言もお話ししていませんでしたから本当に驚きました。あらためてO－リングテストが、いかに正確な情報を教えてくれるかがわかった瞬間でした。

ただ、これは大村博士もおっしゃっていらしたことですが、O－リングテストは、西洋医学の裏付けがきちんとあって、はじめて信頼できる意味合いを持つものだそうです。この時も下津浦先生は、「もっとよく調べてみましょう」と、次にCTスキャンによる検査をしてくださいました。

CTスキャンは、通常1センチ間隔程度の断層写真を撮るため、小さな腫瘍などは映らないのだそうです。そこで下津浦先生は、膵臓のO‐リングで反応が出たあたりを中心に、5ミリ刻みの映像を撮ってくださいました。

すると……！　小さな黒い影が映りました。場所は、アメリカの病院で内視鏡も入り込めなかったランゲルハンス島にある葉脈の先端のところ。大きさにして3ミリ程度の小さな腫瘍です。

「だいぶ退縮しているようですが、これが悪さをしていたんでしょうね」という先生の言葉に、それまでのモヤモヤとした思いがやっと晴れた気がしました。

とはいえ、腫瘍があることだけは確かです。それからはO‐リングテストでこの病巣に合うお薬を徹底的に調べてくださり、それを飲みながら、3か月ごとに検査をして様子を見ようということになりました。

信じた道を行くことが奇跡を呼ぶ

たまたま私は仕事で福岡に出張することが多かったので、久留米通いはそれほど苦ではなかったのも幸いでした。そして1年半後、O－リングでも私の膵臓の影は完全に消えて、「これで問題なし」のお墨付きをいただけたのでした。

O－リングテストで影が見つかった時、最初は大きかったものが退縮したらしい跡があったとのことでしたから、やはりインドに滞在していた間に、身体のなかで何らかの変化が起きたということだったのでしょう。

それがサイババさまがくださったヴィブーティの奇跡だったとは、今もってさすがに思えませんし、高熱を出したことが温熱療法代わりになったのかどうかも、はっきりとは断定できません。

ただ、あの時インドに行くことを選んだのが、結果的にあれほど進行が速いといわれる膵臓ガンの歩みを止めてくれたことだけは確かだと、今も感じています。

「天網恢々疎にして漏らさず」とは、母がよく言っていた言葉です。

天の網の目は一見粗いようですが、善も悪も決して見逃すことはない。悪い行いをすれば必ず天罰が下るといいますが、逆に自分が「善し」と信じた道を行けば、何かしらの恩恵をくださることもあると、母は言いたかったのかもしれません。

誰でもそれぞれ人生で選んだ道には、必ず意味があります。それが後で凶と出ても吉と出ても、きっとその人には必要だから起こることなのだと今は思っています。

オーロラに抱かれて

2024（令和6）年5月、世界のあちこちでオーロラが出現したというニュースが飛び交いました。

ご存知のように、オーロラは、太陽フレアと呼ばれる爆発が起こす太陽風と、地球の磁場が衝突することで生じる放電現象です。2024年は、およそ11年周期で太陽活動がピークを迎える「太陽極大期」にあたり、オーロラにとっては当たり年となったようです。

かつてカナダのイエローナイフで、飛行機がまだ目的地に到着する前からオーロラがはじまって、オーロラに取り囲まれたまま飛行場に着陸したことがありました。機外に出ると、全天を走り回り、渦を巻いて踊り回るオーロラを見上げて感動で動けなくなりました。あれもちょうど太陽極大期の頃だったのでしょう。

特に今回は太陽フレアの活動が活発で、通常はオーロラベルトと呼ばれる地球の極圏近辺でしか見られないものが、日本のような中緯度であっても各地で観測できたそうで、SNSでも美しい写真や動画が投稿されて話題になりました。

太陽フレアは通信障害やGPSの誤作動を引き起こし、私たちのスマートフォンにも影響を及ぼすことがあるそうですから、もちろん喜んでばかりもいられません。

ですが私にとって、オーロラの出現は心震えるニュースでした。

先ほど書いたカナダ、アラスカ、アイスランド、フィンランドなどで、私はオーロラの美しさに命を洗われたように何度も癒され、至福の時を過ごした素晴らしい経験があったからです。

私がはじめてオーロラを見に行ったのは、1995(平成7)年3月、アラスカのフェアバンクスでした。

田村さんからの衝撃の告白以降、大切な人が立て続けに亡くなるなど、当時の私はまだ試練のど真ん中にいました。ですが、アガスティアの葉の予言を受け取ってからは、少し心が前向きになっていました。

いつまでも悲しみのなかに閉じこもってじっとしていたら、二度と自分の脚では立って歩けなくなるかもしれない……。

そこで決意をしたのが、オーロラを見に行くことでした。大雪原にデーンとひっくり返ってオーロラを見ることは、私の幼い頃からの夢でもあったからです。

「オーロラがはじまるぞー!!」

現地の人の声に、あわてて雪の上に飛び出していくと、山の稜線あたりでボワーッと若草色に発光していたものが、いきなり横に広がってコサック兵の行進のようにザクザクと光りが揺れはじめます。

かと思えば、今度は、地平線から光の帯が1本スーッと伸びてきて、それがシフォンのスカートのように頭上まで走ってきて、いきなりクルクルと踊り出します。

そしてオレンジ、ピンク、黄色、ブルーの淡い光の粒子がものすごい速さで駆け回り、はね回り、カーテン状にゆらめいたかと思うと、花火のように空いっぱいに広がります。オーロラはまるで宇宙が奏でる音のないシンフォニーなのです。

気がつくと私は寒さも忘れて雪の上にひざまずき、落ちるはしから頬の上で凍りつく涙をボロボロと流しながら、ひたすら天空に繰り広げられる光の乱舞を見つめていました。

実はこのアラスカの旅の途中で、私は田村さんからもらった結婚指輪を、氷河にエイッ！と投げ捨てていました。

こだわりも、執着も、恨みも、後悔も、すべてはこれでおしまい。私はもう絶対に後ろは振り返らない。

私はオーロラに抱かれて、やっと身も心も自由になったことを感じていました。

父親の出奔によって誰よりも傷ついた息子の心がほんの少しずつ回復した１９９８（平成10）年、私と田村さんは正式に離婚しました。置き手紙があってから５年目のことでした。

大空にゆらめくオーロラはまさに宇宙の神秘。

第5章

生きる
私たちはみんな「持っている」!

兄の口笛

第1章でも書かせていただきましたが、中学生時代、ラジオのFENでアメリカの音楽を聞いていたことが、私の音楽評論家としての原点でした。

なぜあんなに夢中になってラジオを聴いていたのかといえば、そこには忘れられない、ある大きな理由があったからでした。

あれは終戦の前の年、１９４４（昭和19）年6月のこと。陸軍に入隊していた上の兄が、戦地に赴く前の最後の休暇で、目黒の生家に3日間だけ帰ってきたことがあります。

大学在学中は、勉強したいからという理由で3度入隊延期願いを出して徴兵を免れていた兄でしたが、卒業と同時に赤紙が来て徴兵され、この時は入隊して2年ぶりの帰宅でした。

アジアからフィリピン、サイパンと戦火は広がり、いよいよ東京も本格的な空襲を受けるだろうという危機感が高まっていた頃です。兄は、父を亡くして男手のない私たちを案じてくれたのでしょう。帰ってくるなり、庭に防空壕を掘りはじめました。汗にまみれ、泥まみれになってスコップを振るう兄を、病弱だった母と当時8歳だった私は、芝生の上でおままごとをしながら見守っていました。兄が穴から上がってくるたびに、手桶に汲んでいた水でおしぼりをつくって渡したり、お茶や梅干しを出すなどして、防空壕が完成するまでの3日間、片時も兄のそばから離れずに過ごしたのです。

この穴掘り作業の間中、兄はずっと『めぇめぇこやぎ』という私もよく知っている童謡を歌っていてくれました。

めえめえ、森のこやぎ～、森のこやぎ～♪

防空壕の穴が深くなっていくにつれて、声は遠くなっていきます。

中央が4歳頃の私（湯川）、両脇は両親。後列右より次兄、長兄、姉。

そして、その歌と歌の合間には、必ず、私が聞いたことのないメロディの口笛を吹いていました。歌も口笛も3日間ずっと同じで、特に口笛の何ともいえない美しいメロディは、私の耳に心地よく響いていました。

「お兄ちゃまが吹いていらっしゃる口笛は、何という歌ですか?」と私がたずねると、

「これはね、兄ちゃまがつくった歌だよ」と兄は笑いながら答えてくれました。

へえ、兄はこんなきれいな音楽をつくれるんだと、私も誇らしい気持ちになったことを覚えています。

防空壕を掘り終えた3日目の夕方、お風呂からあがった兄は、軍服姿になって腰にサーベルを下げると私を抱き上げました。ふわっと石鹸のいい匂いがしました。ちょうど暮れてきた空に大きな一番星が光っています。兄は私を抱っこしたまま、その星を指さして言いました。

「覚えていてね。あれが兄ちゃまだからね」

それが、私と兄が交わした最後の会話となりました。

年が明けた1945(昭和20)年。8月の終戦からわずか4か月前、兄は、フィリピンのルソン島の山中にあるサブランという小さな村で戦死しています。

終戦の4か月前といえば、すでにサイパンは陥落、沖縄では多くの人が犠牲となり、東京も度重なる空襲で焦土と化していました。もはや勝ち目はないと思われるそんな時に、兄の部隊には「サブランを死守せよ」という命令が下されていたのです。その命令にどれほどの意味があったというのでしょうか。

死守とは、文字通り死ぬまで戦えということで、逃げることは許されません。仲間ももう数人しか残っていないような状況のなか、マニラ湾から攻め上がってきた米軍と戦って兄は命を落としました。まだ26歳という若さでした。

後に私は、兄の遺骨を探しに3度ほど一人で現地を訪ねていますが、マニラの北側にあるバギオという、今は避暑地として有名な場所の下に位置する山道の途中に、その村はありました。

食べるものもなく、生きて帰るあてもない……。ここで兄は何を思い、孤独に戦って死んでいったのかと思うと、今も悔しくてたまりません。

ラジオから流れてきた聞き覚えのあるメロディ

その頃、私と母は、山形県米沢市にある父方の祖母の家に疎開をしていて、東京大空襲を逃れた後、終戦とともに目黒の家に帰っていました。

やがて中学生になった私は、身体が弱く病気がちで、よく扁桃炎を腫らしては高熱を出して、学校を休んでいました。そしてそんな時におとなしく寝ていればいいのに、思春期の多感な文学少女だった私は、少し良くなると何か読むものはないかとすぐに起き出します。

当時、わが家の近くには「玉電」と呼ばれるチンチン電車が走っていて、その駅のそばの貸本屋さんが私のお気に入りの場所でした。そこで、バイロンやハイネ、リルケといった人の詩集を借りてきては、夢中になって読みふけっていたものでした。

けれども母は、「またそうやって本ばかり読んでいるから、熱をぶり返すんですよ」と私を叱り、本を全部取り上げてしまいました。

「その代わりに、これで音楽でも聴いていなさい」と、枕元にドンと置かれたのが箱形のラジオだったのです。

とはいえ、民放のラジオ放送がはじまるのは1951（昭和26）年のことで、前にも書いたように、私がダイヤルを回していた頃はNHKの第1と第2、それから後にFENと呼ばれた米軍放送しかありませんでした。

特に私が惹かれたのが、米軍放送から流れてくる楽しい音楽でした。

それはまるで外国産のキャンディの甘やかな香りがワッとこぼれ出てきたような豊かな音の洪水で、今思えばベニー・グッドマンとかグレン・ミラーのようなスイング・ジャズだったのではないかと思うのですが、とにかく心が沸き立つような楽しい音があふれてきて、とても素敵なものを見つけてしまったという心境でした。

ただ、上の兄はすでに戦死し、2番目の兄は戦争から帰還したもののしばらくは行方がわからないような頃でしたので、母の気持ちを思うと、米軍の放送などに浮かれていてはいけないと気がひけていました。

そこで大っぴらに聴くのがはばかられて、仕方なくラジオごと頭から布団をすっぽりとかぶって耳を近づけるのですが、そんな布団のぬくもりと暗闇のなかで、音と一緒に揺れているのがまた実に気持ちがいいのです。

そんなふうにラジオを聞いているうちに、ふと気づいたのは、はじめて聞いたはずの曲を、一緒に口ずさんでいる自分がいることでした。

えっ、どうして私はこのメロディを知っているのだろう？

猛烈なスピードであれこれ記憶をたどるうちに、ハッと思い出しました。

それはあの終戦の前の年、兄が防空壕を掘りながらずっと吹いていた口笛のメロディでした。「兄ちゃまがつくった曲だよ」と教えてくれた、あの曲です。

でも、だとしたら、なぜお兄ちゃまがつくった曲が米軍のラジオから流れてくるのだろう？　と、ナゾだらけで、私の頭には大きなクエスチョンマークが残りました。

中学1年生の時でした。

2つのナゾを追いかけて

それからは、学校から帰ってくるとすぐにラジオをつけて、米軍放送に周波数を合わせる日々がはじまりました。

またあの曲が出てこないか、そのことばかりが気になって聴いていていました。

するとどうやらアメリカでは人気の曲らしくて、何度も流れてくることがわかりました。私はそのたびに、それが何という曲なのかを突き止めたくて、早口のアナウンスを聞き取ろうと必死に耳を傾けました。もちろん英語はまだ学校で習いたてでチンプンカンプンですから、なかなか聞き取れません。

そして今日も聞き取れなかった……と、いつ流れてくるかわからない曲を待ち続け、お目当てのイントロが流れてくると、全神経を耳に集中させました。

そうこうするうちに、ようやくこれではないかという曲名にたどり着きました。

それは、ハリー・ジェームス・オーケストラの『Sleepy Lagoon（スリーピー・ラグーン）』。辞書で引いて調べてみると、「眠たげな入江」という、とても美しいタイトルでした。

これが合っているかどうか知りたくて、それからはレコード店や、古いレコードも扱っているような神田の古本屋さんに足繁く通いました。

すると、あるレコード店の店員さんが、事もなげにこう教えてくれたのです。

「ああ、『スリーピー・ラグーン』ね。あるよ」

何でもその曲は、日本が真珠湾攻撃に踏み切った１９４１（昭和16）年から42（昭和17）年頃にかけてアメリカで大ヒットした曲だそうで、日本でも戦後にレコードが発売されたというのです。日本盤のタイトルは『午後の入江』でした。

やっと答えがわかってうれしかったのですが、でも、まだすべてのナゾが解けたわけではありません。

ナゾその1　敵国の音楽が禁止されていた戦争中に、兄はどうして口笛で吹けるぐらいその曲を知ることができたのでしょうか？

ナゾその2　どうして「兄ちゃまがつくった曲」だと、小さな妹の私にウソを言ったのでしょうか？

本当のことが言えなかった兄の苦悩

答えに近づいた気がしたのは、兄の遺品のなかから日記が見つかった時のことでした。まだ赤紙が届く前のわずか半年分くらいの日記でしたが、それを読むと、兄はよく一人で神田のあたりにあったレコード屋さんに通っていたようです。

そうしたお店のご主人や音楽好きの常連さんたちから、「今アメリカでは『Sleepy Lagoon』っていういい曲に人気があるんだよ」といった情報などを教えてもらって、何らかの方法で聴いていたのでしょうか。

それが確信に変わったのは、ずっと後になってからのことですが、井上ひさしさん原作の『きらめく星座』というお芝居を見た時のこと。『きらめく星座』は、日米開戦前夜の浅草のレコード店・オデオン堂をめぐるお話で、敵性音楽を扱っていることで〝非国民〟との迫害を受けながらも、なんとか営業を続けようとする店主家族と下宿人たちの物語でした。

オデオン堂は戯曲のなかの架空のお店ですが、兄が通っていたレコード店のなかにも、もしかするとこんなふうに、戦時中の同調圧力にも負けじとがんばっていた人たちがいたのではないでしょうか。

そんな人たちがどこかで手に入れた原盤の『Sleepy Lagoon』を、兄もこっそり聴いていたとしても不思議ではありませんし、もしかしたら大学には同好の仲間たちがいたのかもしれません。

そして、2番目のナゾは、このお芝居に出てきた「迫害」という言葉で解決がつきます。〝鬼畜米英〟のスローガンが叫ばれている時に、大きな声で「これはアメリカで今流行している曲だよ」などと、小さな妹にはとうてい言えなかったことでしょう。軍人の妻である母の前ではなおさらのことです。だからとっさに「兄ちゃまがつくった曲だよ」と答えたのではないかと思うのです。

兄の日記を読むと、その頃はレコード店だけでなく、毎週のように新宿や渋谷の映画館に通って、フランス映画やイタリア映画を観ていたことがわかります。ああいう戦時下の時代にあって、兄はとことん自由でクリエイティブな生き方がしたいと夢見ていたのだと思います。

兄は絵を描くのも好きでした。兄の描いたデザイン画が何枚か残っていますが、たとえば金髪のきれいな女性が真っ赤なストローハットをかぶってマイクの前で歌っている絵には、「コロムビア・レコード」とロゴが描かれていて、自分が好きな曲のレコード・ジャケットをデザ

長兄が描いたイラストレーション。レコードジャケットをイメージして描かれている。

インしたものであることがわかります。

衝撃的だったのは、アメリカの海兵隊の白い水兵服を着た金髪の兵隊さんが３人、バンジョーを持ってラインダンスをしていて、その後ろに大きく星条旗がたなびいている絵でした。そこには「スターズ・アンド・ストライプス・フォーエバー・マーチ」と書かれていました。『星条旗よ永遠なれ』という曲はアメリカ海兵隊音楽隊の元隊長、ジョン・フィリップ・スーザが１８９６年に作曲した行進曲で、１９８７年にはアメリカ合衆国の公式行進曲になっているような曲です。この絵にも「コロンビア・レコード」のロゴが描かれていて、それも兄のデザインでした。

こうしたデザイン画は他にも何枚もあり、今も私の手元で大切に保管されていますが、もし兄が生きていれば、きっと有能なイラストレーターかグラフィックデザイナーとして成功していたかもしれないと思うと、今でも残念でなりません。

長兄のイラストレーション。星条旗をバックに水兵さんがバンジョーを演奏しながら踊るモダンな構図。

ちなみに、2番目の兄は長兄の3つ下でしたけれども、自由主義的な兄とは違って、自ら軍人を目指して猛勉強の末に海軍兵学校に入学したような、バリバリの軍国少年でした。

その次兄が、兄の描いた金髪女性の絵を見て、「なんだこれは？　気持ちが悪い！」と吐き捨てるように言ったと、長兄の日記には書いてありました。

次兄は後に海軍航空隊のパイロットとなり、終戦間際には特攻隊の最終兵器といわれた「桜花《おうか》」の乗組員に志願までしたという人でした。わずか3歳の年の差ですが、世の中の空気が急速に変わっていったことがよくわかるエピソードです。今だって、いつそうなるのかわからない空気を感じることがあるのではないでしょうか。

アメリカ音楽のことなら任せて！

私は上の兄が防空壕を掘りながら吹いてくれた口笛がなんという曲だったのかが知りたくて、毎日、米軍放送を聞き続けていました。そのうち、『スリーピー・ラグーン』という曲が出てこなくても、トニー・ベネットの『ビコーズ・オブ・ユー』や、ナット・キング・コールの『トゥ・ヤング』など、次々と放送されるアメリカのヒット曲にどんどん夢中になっていきました。

覚えた歌詞は、すべてノートに書きとめるのですが、まだ英語のスペルがわからないのでカタカナで書いていました。

「ビコーズ　オブ　ユー　ゼアズ　ア　ソング　イン　マイハート」

などという具合で、日本語ではどんな意味になるのかはよくわからないのですが、夢中でノートに鉛筆を走らせたものでした。

学校の休み時間にそのノートを開いていると、「あなた、もしかしたらアメリカの音楽を聴いているの？」と聞いてくる子がいて、同級生のなかにも数は少ないながら同好の士がいることを知って、とてもうれしかったことを覚えています。

「ねえ、ねえ、聴いた？　ペリー・コモの『イフ』って最高にいいよね」などと感想を言い合うのも楽しく、私はますます洋楽にのめり込んでいきました。

とにかく、当時のアメリカのヒットチャートはすべて私の頭のなかに入っていて、まるで生き字引さながらでした。あの時代、あそこまでアメリカ音楽の情報を知っていた中学3年生の女の子など、まだそんなにはいなかったことでしょう。

それからは音楽の興味もジャズまで広がっていって、10年後の１９６０（昭和35）年、当時愛読していた音楽雑誌『スイングジャーナル』の読者論壇に投稿した私の音楽評が「視点がユニークでなかなか新鮮だ」と認めていただけたことがきっかけで、私はジャズ評論家としてデビューしています。そして、その『スイングジャーナル』誌から、「今度『アート・ブレイキーとジャズ・メッセンジャーズ』が初来日するから、ぜひインタビューをしてほしい」と依頼されたのが、プロとしての初仕事でした。まだ右も左もわからないのに、いきなりそんな大きなオファーをいただいて驚きましたけれど、尻込みするよりも、ジャズ界の大スターに会って直接話が聞けるなんて！　というワクワク感のほうが強かったことを覚えています。

こういうところは今も変わりませんが、「できるかできないか」と心配するよりも「できたらうれしい」のほうが先立つのです。

だってまだ素人に毛が生えたような存在なのですから、失敗しても当たり前。ごめんなさい！　と言ってまた出直せばよいだけのことだと考えることができたのは、きっと親や兄姉たちからおりこうさんだと甘やかされて育った恩恵だったと私は考えているのですが、違うでしょうか。

初原稿を書いた後は、アルバイトで、ラジオの音楽番組の選曲や台本書きにもチャレンジしました。欲しいレコードはたくさんあるのですが、高くてとても買うことはできません。ですので、放送局のレコード室でレコードを聴き放題のお仕事は、私にとって最高にラッキーでした。

そうこうするうちに、日本はたいへんなテレビ・ブームになりました。東京オリンピックの開催も決まり、国民がこぞってテレビを買うようになったために、テレビ局も番組制作に力を入れて、各家庭にはテレビが1台という時代になり、その結果、音楽番組もラジオよりテレビのほうが人気になっていって、視聴率も経費も全部テレビに持っていかれるような事態になりました。ラジオは制作費があまりないので、それまでのように有名な歌手やタレントを出演者として起用することもままなりません。

そこで白羽の矢が立てられたのが、音楽にうんちくがあって選曲ができて、台本も書けるという人。当時でいえば、大橋巨泉さんや前田武彦さん、青島幸男さんといった人たちでした。

そして、そんな一流どころになぜか新米の私も混ぜていただくようになって、63（昭和38）年には、日本女性初のDJ（ディスクジョッキー）という新たな肩書きももらいました。

今の銀座・数寄屋橋の宝クジ売り場があるあたりに、ニッポン放送のサテライト・

スタジオというガラス張りのブースができて、毎週土曜日、そこから生放送でおしゃべりをしたのは、今でもとても楽しい思い出です。

おかげさまでいつも黒山の人だかりで、信じられないことに週刊誌のグラビアには、「'63の顔」として、マイクの前に座る私の写真が掲載されたりもしています。

今も兄がそばにいてくれる

そんなふうに、たまたま時代が私に味方をしてくれたこともあって、自分でも驚くくらいにあれよあれよという間に、好きなことが仕事につながっていきました。

そしてそれらのすべての出発点であり、支えとなったのが、防空壕を掘りながら兄が吹いてくれた、あの口笛の曲だったのです。ですから今も私のそばにはいつもあの亡き兄がいて、私と一緒に仕事をしてくれている気がして仕方ありません。

そしてジャーナリストとしてだけでなく、その後は作詞家としても思いもかけずたくさんのヒットに恵まれるなど、大好きな音楽の世界で65年間という長い間、幸福な時を歩ませていただいてきました。

こうしてあらためて振り返れば、音楽的な基礎や理論をちゃんと学んだわけでもない私がこれほど長くやってこられたのは、まさに奇跡のようなできごとです。でも奇跡というのは時間が経ってみてはじめて気づくことであって、その時はただがむしゃらに日々を生きていたというだけで、つくづく、奇跡は奇跡の顔をしていないのだなぁ……とあらためて思っている昨今です。

田村さんは私にとって戦友だった

2022(令和4)年4月14日、私の昔の旦那さんで、元旦那と書くから私が「元旦ちゃん」と呼んでいた田村さんが亡くなりました。

2月18日に新型コロナウィルスの陽性であることが発覚したのですが、自覚症状も熱もなく、多少呼吸が苦しい程度だったのですが、息子が心配するなどして入院してみたら、肺炎がすでに進行していたといいます。

もともと喘息で強い薬を常用していましたし、心臓にはペースメーカーが入っていたこともあって、次第に病状は悪化。2月26日頃には緊急病棟に移動して集中治療室に入ることになりました。

その治療の甲斐あって、3月3日には集中治療室からコロナ病棟へと移り、さらにリハビリができる病院へと移ってホッとしたのですが、3月22日、突然、脳梗塞を起こして意識不明になってしまいました。その日から息を引き取る4月14日までは、意識がないままに苦しい呼吸を続けながら、23日間も命を刻み続けたのでした。そしてその間、ひたすら田村さんの面倒を見たのは、コロナのパンデミックのために外国からのアーティストを招聘できずに、うつうつとしていた息子でした。

置き手紙を残して私の前から去っていった田村さんは新しい家庭を持ち、子どもも生まれていましたが、相手の方とはすぐにうまくいかなくなって離婚。そのままずっと独身で、一人暮らしをしていました。

そんな田村さんとまた会うようになったのは、私の息子に子どもが生まれた2011年頃からでしたが、彼にとっても初孫でしたからとにかく大喜びで、孫にベッタリの、それは甘い〝じいじ〟でした。その姿を見て、最初はクリスマスやお正月などに家に招くぐらいだったのですが、だんだん私や息子とも頻繁に交流するようになっていったのです。

かつて自分と家庭を捨てた身勝手な父親に対する息子の気持ちは、まだ完全には溶けていませんでした。ですが、心臓に不調を抱えた自分の父親と顔を合わせる機会が増えるにつれて、息子も少しギクシャクとしながらも再びファミリーとしての付き合いをはじめていきました。

きっと田村さんも寂しかったのでしょう。あのバブルがはじけた直後は、そうせざるを得ない理由があったからでしょうが、多分、その後では激しく後悔もしたのだと思います。

ただ、私にとっては、すべては昔のこと。こういう時、男の人と違ってむしろ女のほうが後ろを振り向かないものです。好きだとか嫌いだとかの感情もなければ、復縁する気もさらさらありませんでしたが、いちばん理解し合える人だったことだけは間違いありません。

田村さんはいつも私が出るラジオの番組は全部聞いていてくれて、テレビでもラジオでも前もって知らせておかないと、「なんで教えてくれなかったんだ！」と怒り出すほどの、私の熱心なファンでもありました。そして、良いことも悪いことも一緒に経験してきた、無二の戦友のような存在になっていったのです。

意識不明になっていた田村さんと私たちが病院で最後に会ったのは、亡くなる3日前の4月11日でした。

息子が携帯電話に入れて持っていったエルヴィス・プレスリーのヒット曲を田村さんの耳元で聴かせると、私たちの単なる思い込みかもしれませんが、それまでぼんやりと宙を漂っていた瞳が私のほうに向けられ、一瞬、目と目が合ったような気がしました。そしてその田村さんの目元には、うっすらと一粒の涙がにじみ出ていました。

人間の五感でいちばん最初にお母さんのお腹のなかで発達するのが聴覚で、最後の最後まで残るのも聴覚なのだそうです。よく、今際《いまわ》の際《きわ》で「お父さん、しっかりして！」と呼びかけると、今、旅立とうとする人でも、ほんの少しの間、意識が引き戻されることがあるといいます。

田村さんもまた大好きなエルヴィスの声に、本当に一瞬ですが、よみがえってくれたのかもしれないと今でも思っています。

享年81。エイトスター・ダイヤモンドという、世界に一つしかないダイヤモンドを完成させ、そのダイヤモンドに人生のすべてを託してひたすら走り続けてきた人でした。

もちろん、田村さんの人生には、私が知らなかった苦しみも、喜びもあったことでしょう。

でも、私が元旦ちゃんと呼んだように、どこかお目出度《めでた》くて浮世離れしたいいかげんなところもありましたけれど、根は真面目で正直な、むしろ不器用なところもある、好奇心いっぱいの神サマ大好き人間でした。本当によく頑張って、精一杯生きたと思います。たくさんの思い出と、素晴らしい息子と、変わらなかった深い愛情をありがとうございました。

今、私の指には、田村さんがつけていた結婚指輪があります。私のはアラスカの氷河に思い切りよく投げ捨ててしまいましたけれど、田村さんが亡くなった後、金庫のなかから彼が大切に取っていてくれたらしい指輪を見つけたのです。

内側に「永遠にあなたを愛します」と刻印されているのを見ると、ついバカヤロー！　と思ってしまいますけれど。後にも先にも私が結婚したいと思ったのは、田村さんだけでした。やっぱり私は彼のことが大好きだったのだと思います。

大好きな街、函館

田村さんが亡くなった翌年の２０２３（令和５）年。北海道の函館で思いがけない出会いがありました。それをお伝えする前に、ここで函館と私とのご縁について少し触れておきたいと思います。

後で詳しく書きますが、私は今もＮＰＯ法人『語りつぐ青函連絡船の会』という団体の理事長をさせていただいています。

会のお手伝いをするようになったのは、今から22年ほど前のことで、以来、年に一度の総会に出席するため、毎年８月には函館に行くのが恒例です。ホタテやウニ、毛ガニなどの美味しい海の幸をいただけるのも楽しみで、まるで夏休みを待つ子どものように、その日が近づくのを毎年ワクワクして待ってきました。

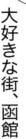

私が最初に函館を訪れたのは、まだＮＰＯの活動をはじめるよりもずっと前の１９７７（昭和52）年のことでした。

その年の８月16日、エルヴィス・プレスリーの訃報を受けて、当時まだ1歳３か月だった息子を義父母に預け、私は急きょメンフィスへ飛んでいます。

余談ですが、義父はこの時のことを「プレスリーが死んだからといって、赤ん坊を預けてアメリカへ行っちまった」と生涯、不肖の嫁である私のことを嘆き続けていましたから、相当あきれ返られていたのでしょう。

そんなこともあって、帰国後、お2人へのお礼とねぎらいをかねて、私は乳母車に息子を乗せて、義父母と4人で函館で遅い夏休みを過ごすことにしたのです。

出かけて行ったのは、湯の川温泉というところでした。

この場所を選んだのには、理由がありました。私の名字である「湯川」は、遠い先祖の名前をもらったペンネームで、本名は「湯野川」といいます。かといって「湯の川」温泉とは縁もゆかりもないのですが、どこか親近感を感じていたのでしょう。

それから、大好きな親友で、『月光仮面』の生みの親としても知られた作家の故・川内康範（かわうちこうはん）先生が函館のご出身だったものですから、函館の話はよく聞いていて、かねてから一度は行ってみたいと思っていたこともありました。

その康範先生から「あんた、湯川れい子って名乗っているのに、湯の川温泉も行ったことねぇのか」などと言われたことも思い出して、3泊の予定で湯の川温泉の旅館に予約を入れたというわけです。

人生最大の衝動買い!?

ところが着いてみたら、旅館の裏手にあたる海に面した砂浜が、もうゴミだらけで汚いのなんの！　今は決してそんなことはなく、白い砂浜にカモメが飛んで、夜にはイカ釣り漁船の漁り火がゆらめく幻想的な風景を見ることができる素晴らしい温泉地ですが、今から47年も昔の当時は、打ち上げられた流木やプラスチックゴミだらけで、海岸を散歩したくても足の踏み場もないひどさだったのです。

近くの商店街の方に、もっと眺めが良くてきれいな施設がある場所はないでしょうかとたずねたところ、それならと教えてくれたのが、車で1時間ほど行った大沼というところでした。

そこは美しく雄大な駒ヶ岳を目の前に、大沼、小沼、じゅんさい沼が広がる自然豊かなところで、私たちは大沼のほとりのホテルに宿をとって、やっと人心地つくことができました。

今では逆に大沼周辺が寂しくなって、湯の川温泉のほうが盛況ですけれど、当時は湖面をめぐる遊覧船が行き交い、お土産物屋さんも立ち並ぶ賑やかな観光地でした。

そんなお土産物屋さんの一軒に立ち寄った時、そこのご夫婦から「うちは良い温泉が一日中湧いていますからぜひ入りにきてください」とお招きをいただきました。そこでお言葉に甘えて、その夜、家族みんなでお宅へうかがってお風呂をいただいたのですが、これが本当に質の良い、それは素晴らしい温泉で感動したものでした。

そして、「このあたりはこういう温泉が、365日コンコンと湧いているんですよ」の言葉を聞いて、なんと私は大胆にも、翌日そのお宅の前にあった温泉付きの土地を購入してしまったのです。信じられないほどお値段が安かったことも即決即断の理由でした。

そしてフィンランドの友人に手配してもらった木材で、2階建てのログハウスを建てると、以降14年間、毎年、息子や息子の従兄弟たちなども一緒に、そこで賑やかに夏を過ごしてきたのでした。

今はメールさえあればどこにいても仕事ができますが、その頃はちょうどファックスという当時にしては画期的な通信手段ができたばかりで、小林明子さんの『恋におちて』や、稲垣潤一さんが今もコンサートでよく歌ってくださっている『日暮山《ひぐらしやま》』などの歌詞は、私がその大沼の家で書いたものです。

35年目の奇跡

それから時が流れた２０２３年の夏。ＮＰＯの総会も無事に終わって湯の川温泉に1泊し、予約しておいたお店でお昼をいただいていた時のことです。

そのお店は、以前知人に連れていってもらって以来、大ファンになった湯の川にあるお鮨屋さんです。地元でもネタが良くて美味しいことで有名で、東京で同じものを食べたらとんでもないお値段になりそうなお料理が、そこではとてもリーズナブルにいただけるのです。

暖簾をくぐってお店に入ると、すぐ目の前に津軽海峡の青い海が広がっています。カウンターにはゆったりとした椅子席が10席ほど。予約した私と連れの2席をのぞいては、もう満席でした。

さて、身も心もとろけるような美味しいお鮨をいただいて、少し落ち着いた頃。右隣りに座っていらしたご夫婦連れの奥さまのほうが、「失礼ですが……」と、そっと声をかけてきてくださいました。

「湯川さんですか？　私もエイトスター・ダイヤモンドをつけているんですよ」と。

えー！　と驚きました。ご主人も同じ指輪を薬指につけていらして、「もう35年ほど前に、四谷のお店で買ったんですよ」と教えてくださいました。

ご夫妻は横浜にお住まいだそうですが、旅行で函館に来て、ほんの少し前に湯の川温泉の旅館にチェックインされたといいます。着いた旅館には昼食を食べられる場所がなかったので、「どこか近くで、美味しいところを教えてください」と頼んで予約してもらったのが、このお店だったそうです。

「今なら最後の2席が空いていますというので急いで来たのですが、座ったらお隣に湯川さんがいらっしゃって、もう本当にびっくりしました」とのこと。

もし予約のタイミングが少しでもズレていれば、この偶然の出会いはなかったかもしれないのですから、お互い、ご縁の不思議さに胸を打たれました。

それにしても、35年も前に指輪をお買いいただいたということは、田村さんと私が四谷にお店を持ってまだ3年経ったかどうかという頃です。

ちょうど京都の比叡山延暦寺の戒壇院のご本尊にエイトスター・ダイヤモンドをお納めし、その結果、人智を超えた出来事が次から次へ起きて、まさに驚天動地の日々だったことを懐かしく思い出しました。

お2人もその頃にご結婚され、何らかの理由でエイトスター・ダイヤモンドを選んでくださったのでしょう。田村さんとはその後もお会いいただいたことがあったそうで、田村さんが前の年に亡くなったことも風の便りでご存知でした。

そこで田村さんの闘病や他界したいきさつなどをお話ししながら、「山あり谷ありどん底ありの日々でした」と申し上げると、お2人も「こちらも同じようなものでした」とおっしゃって、「それでもこうして無事に生きてきて、こんなところでお会いできるなんて……」と、しみじみとした時間が流れたのでした。

思わぬ場所で、思わぬ時に、35年も前のお客さまに声をかけていただいたのですが、まるで田村さんがいたずらっ子のような笑顔でこつ然と現れたような気がして、お話をしながらも思わず目頭が熱くなった私でした。

朝ちゃんと「摩周丸」

そんな函館と私をつないでくれているのが、ＮＰＯ法人「語りつぐ青函連絡船の会」です。

青函連絡船と聞くと、懐かしく思い出される方も多いのではないでしょうか。津軽海峡を渡って、本州北端の青森駅と北海道南端の函館駅を結んだ、あの連絡船です。運営していたのは国鉄（民営化後はJR北海道）で、1908（明治41）年3月7日から、青函トンネル開業後の1988（昭和63）年3月までの80年間、延べ1億6112万7982人もの人々と多くの荷物を運んで、日本の流通と文化を支えてきた交通手段でした。

お役目を終えた今は、最後の連絡船として、青森港には「八甲田丸」、函館港には「摩周丸」が、大切な歴史の保存物として係留され、それぞれ市とNPOの努力で博物館や観光施設となってお客さまをお迎えしています。

「語りつぐ青函連絡船の会」は摩周丸でのイベントや、船内の見学ツアーの運営を通して保存活動に協力させていただいていますが、誰よりもこの活動に力を注いできたのが、今からご紹介する副理事長の白井朝子さんです。

白井さんは旧国鉄の専属女性カメラマンとして、華奢な身体にカメラと三脚を担いで各地を飛び回り、蒸気機関車のデゴイチ（D51）を迫力あるアングルで撮影するなど、鉄道ファンからも一目置かれた人でした。

1988年の摩周丸最後の運航では自ら何日も船に乗り込み、船内の様子や働く人々の姿を撮影し、のちに『海峡の記憶　青函連絡船』という写真展を開催。その作品は同タイトルの写真集（舵社）としても発売されています。

そんな白井さんと私とは、もうかなり古いお付き合いになります。

最初に会ったのは、ビートルズが来日した1966（昭和41）年の夏のことです。まだ駆け出しだった私が講演会というものを依頼されて、はじめて札幌に行った時のこと。終わると、私のところへおずおずとやってきて、「私、大人になったら、あなたみたいになりたいの」と話しかけてきたセーラー服の女の子がいました。それが白井朝子――朝ちゃんでした。函館生まれで、まだ14歳の時でした。

その場で少しおしゃべりをしたのですが、お姉さまが東京の国立《くにたち》音大に通っているとのことで、私も同じ国立に住んでいる（当時）と伝えると、「じゃあ、夏休みに遊びに行ってもいいですか？」「いいわよ！」とトントン拍子に話が決まり、翌年、朝ちゃんが国立まで訪ねてきてくれたのがはじまりです。

それからは手紙やメールでのやりとりが続き、朝ちゃんが「語りつぐ青函連絡船の会」の活動をはじめたのがきっかけで、私もお手伝いをさせていただくことになりました。

会の総会に出席するため、年に一度は必ず函館に行くようになり、そのたびに彼女と会えるのが楽しみでした。

飛び込んできた朗報

朝ちゃんは本当に摩周丸を愛していました。文化遺産として大切にしなければという思いはもちろんのこと、自分が最後まで写真を撮り続けた船としても、深い愛着があったからでしょう。

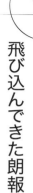

それだけに、２０２３（令和5）年5月、摩周丸と八甲田丸がそろって「ふね遺産～Ship Heritage」の認定を受けた時は、たいへんな喜びようでした。私を含めたＮＰＯのメンバーにとっても、それまでの努力が報われたようで感無量でした。

「ふね遺産」は、歴史的価値がある船舶や関連施設を次世代に伝えようと、技術者や研究者などからなる公益社団法人「日本船舶海洋工学会」が２０１７（平成29）年から認定しているもので、その年は第7回目となり、青函連絡船以外にも、南極観測船として活躍した「宗谷」などが選ばれました。

認定を受けるのは、単に歴史的意味があるというだけではありません。たとえば「宗谷」の場合は、1936（昭和11）年にソビエト向け耐氷貨物船として建造された船で、耐氷性、砕氷性に優れ、海上保安庁の巡視船としても漁船の救助などに貢献したという点や、その後に建造された南極観測船に多くの示唆を与えた船であることなどが評価されています。

摩周丸は、1954（昭和29）年の台風による洞爺丸沈没という痛ましい海難事故の後、その反省を活かして極限まで安全性を高めて造られた、当時の最新鋭の船だったとのこと。また、船体が今もほぼ就航当時のままで保存されていて、運行記録や建造記録写真、図面、救命設備などもきちんと保管されている点などが高く評価されました。

ひと口に船の保存といっても、並大抵のことではありません。放っておけばすぐに錆だらけにな

摩周丸の船上にて記念撮影。左が白井朝子さん、一人置いて私（湯川）。2013年6月23日。

ってしまいますから、メンテナンスだけでも莫大な費用が必要です。摩周丸の場合は、資料館になっていて年間5万人のお客さまが来てくださっていますが、それだけでは苦しいというのが実情です。

函館港の一角に係留されているのですが、そんなお金がかかる古い船をつないでおくよりも、スクラップにして、空いた場所に外国船を停泊させたほうが経済効果はずっと高く、実際、そうした要請の声が多数あがってきていたのも事実です。

けれども、「ふね遺産」の認定を受けたことで、これからは誰にも文句を言わせることなく堂々と保存することができるのですから、こんなにうれしいことはありません。

その年の9月11日には、東京で認定式が行われることになりました。

「れい子さん、私も絶対一緒に行くからね!!」

朝ちゃんのその言葉には、強い決意が込められていました。でもそれは、筆舌に尽くしがたいといってもいいほどの決意でした。

最後まであきらめない

実は、「ふね遺産」の認定が決まってしばらく経った7月のこと。朝ちゃんから食道ガンになった、しかも患部はかなり大きく、食べたり飲んだりができなくなってきているという連絡をもらっていました。

彼女は、若い頃から身体中の粘膜という粘膜の抵抗力がなくなるという難病を患っていて、そのため抗生剤はいっさい使えず、手術を受けることができません。自分でいろいろと研究した結果、39度の温泉が免疫力を高めてくれるとわかり、以来温泉療法でなんとか体調を整えてきたのですが、ガンとなると話は別で、やはり積極的な治療が必要です。

ただ、手術ができない以上、現代医学だけに頼っていても限界があります。実際、彼女がかかっているお医者さまもお手上げの状態でした。

そういうことなら、私が以前、膵臓ガンでお世話になったO-リングテストの下津浦先生に相談してみてはどうだろうという話になりました。函館から久留米まで行くのは体力的にも厳しいし、行っても無駄になるかもしれません。でも、まだ自力で移動できるうちに、やれるだけのことはやってみてほしかったのです。

結果的に、下津浦先生の診断は「非常に残念だけれども、今の状態ではもう助けることができない」というものでした。そして告知されたのは余命3か月。先生も「歩けるうちに函館に帰りなさい」とおっしゃるのが精一杯だったようです。

そして8月、NPOの総会で函館に行った時、げっそりと痩せこけてしまった朝ちゃんと会いました。

「あなたが死んでも、私はお葬式には来ないからね。その代わり、私が先に逝っても私のお葬式には来ないでね」

そう言ったのは、私流の別れの言葉でした。人は誰一人の例外なく、やがて死んでいく身です。朝ちゃん、あなただけじゃないのよ。私は心のなかで泣きながら叫んでいました。

その後も、朝ちゃんの病状は悪化する一方でした。

そんななか、9月11日の「ふね遺産」の認定式が迫ってきて、彼女からは「がんばって絶対東京に行きます」とメールが届いたのですが、いくら何でも今のままでは自力で飛行機に乗ることすらむずかしいでしょう。

ガンは治らないまでも、彼女の最後の望みをなんとか叶えてあげられないだろうか。すがる思いで、久留米の下津浦先生にお電話でうかがってみることにしました。

すると先生は、とにかく少しでも栄養のあるものを身体に入れるのが大事だとおっしゃって、そのためにはガンで塞がれている食道に細い管を通して、一時的に食べ物の通り道をつくるのが唯一の方法だと教えてくださいました。そして抗生剤を使わずその処置をしてくれるお医者さまを函館で探してみなさいとのことでした。

早速朝ちゃんにそれを伝えると、しばらくして返事が返ってきました。

近所のかかりつけ医に相談したところ、函館でいちばん大きな総合病院にかけ合ってくださって、そこの先生たちも非常に親身になってくださり、わざわざチームをつくって「やってみましょう」と快諾していただけたのだそうです。日々、医学は進化しています。本当に最後まであきらめてはいけないのですね。

奇跡は「起きる」のではなく「起こす」もの

9月11日の認定式の前日に上京できるようにと、朝ちゃんはその前に4日間入院して処置が行われました。その結果、食道に挿管され固定されていた管が簡易的に食道の役割を果たしてくれるようになり、朝ちゃんは、本当に久しぶりに自分の口からものを食べることができるようになりました。

朝ちゃんは噛める、飲み込める。それがうれしくて、美味しくて、もう必死に食べたと言います。30キロを切っていた体重も34キロまでに回復し、これなら認定式に出席しても大丈夫だろうとお医者さまのお墨付きもいただけたとのことでした。

そして認定式当日、NPOの事務局の方の付き添いはあったものの、朝ちゃんは東京の浜松町の会場まで車椅子も使わず、自分の足でしっかり歩いてやってきました。そして、無事「ふね遺産」の認定書と記念の認定プレートを、その手に抱くことができたのです。

病に苦しみながらも、まさに命がけで摩周丸の保存に取り組んできた23年間でした。

何度も「うれしい、うれしい」と繰り返しては涙ぐむ姿に、周囲からも大きな拍手が湧きました。

翌日、私はやめるように言ったのですが、朝ちゃんはわざわざ札幌に寄って、青函連絡船の運営会社であるＪＲ北海道の会長と社長に、賞をいただいたことをご報告したのだそうです。こうしてすべてをやり終えて、彼女は函館に帰っていきました。

その後は、食道ガンが破裂し一時は危篤状態に陥りましたが、病院の勧めで抗ガン剤の治療をはじめたとかで小康状態を保てたようです。

「せっかく増えた体重が、また減っちゃった」とメールが届いて心配したのですが、1か月後の10月10日には、いただいた認定プレートを摩周丸のエントランスに飾る式典に出席する彼女の姿がありました。ガリガリに痩せてしまっていましたが、素晴らしい笑顔でした。

彼女があきらめなかったのは、単なる生命への執着心からではなかったと思うのです。彼女には、摩周丸を守るという生涯をかけた夢がありました。その夢を叶えるため、目の前に置かれた砂時計の砂がすべて落ち切らないうちに、やれることをやろうとしていただけなのです。

人間はそこまでの目的と強い意志があれば、どんな不可能も可能に変えられるということなのでしょうか。

奇跡は後になってわかるものだというのが私の持論ですけれども、奇跡には、もう一つの側面がありました。奇跡は偶然「起きる」のではなく、自分の手で「起こす」ものだということで、それを教えてくれたのが朝ちゃんでした。

余命３か月と言われた２０２３年の８月から1年と2か月後の２０２４年10月25日、自分の口で最後になる食事を笑顔で美味しい、美味しいと食べた後、73歳で大往生といえる人生を終えておいでです。

58年前、「あなたのようになりたいの」と言ってくれたセーラー服を着た女の子には、今の私から同じ言葉を伝えたいと思っています。

「朝ちゃん、私もあなたのように生きてみせるからね」と。

晩年の白井朝子さん。最期まで力強く生きた。

見果てぬ夢

日本が戦争に負けた1945（昭和20）年、私は9歳でした。

疎開していた米沢の祖母の家で玉音放送を聞き、一夜明けてのこと。軍人の妻だった母は、私を畳の上に正座させると、私の膝を動かないように自分の腰紐でしっかりと結びつけ、その前に父の形見の螺鈿細工の短刀を置きました。

そして、「アメリカ兵がやってきて辱めを受けるようなことがあったら、これで死になさい」と、自害の仕方を教えてくれたのです。

辱めを受けるといわれても、何のことかさっぱりわからない子どもでしたけれど、その時の母の蒼ざめた顔と緊迫感は、今も忘れられません。

幸い、アメリカ兵は口笛を吹きながらニコニコとやってきましたから、短剣は使わないですみましたけれど、焼け野原の東京に戻った後は、厳しい暮らしのなかでよく病気をしては母に心配をかけました。

大人になってからも、輸血がもとでかかったC型肝炎に長い間苦しめられたり、第

4章で書いたように膵臓ガンもわずらいました。

このように「あの時死んでいたかもしれない……」という体験をいくつもしてきましたから、まさか89歳の誕生日を迎えることになるとは、本当に想像もしていませんでした。

私の場合は白井朝子さん、朝ちゃんのように、余命3か月と宣告されて、マラソンでいえばゴールテープがはっきりと見えているわけではありません。

ただ、いくら人生100年時代になったとはいえ、もうそこそこゴールに近づいていることだけは確かで、2024年は1月に過労とストレスが原因といわれる体調不良で1か月半入院していますし、今も毎日のように心房細動で不整脈が続いているので、ゴールを切るのは明日かもしれませんし、5年先、10年先かもしれませんが、確実にわかるのは、ゴールは必ず来るということです。

その最後の一瞬に、ニッコリ笑ってバタッと倒れることができたら、誰にとってもそれは最高に幸せなことではないでしょうか。

完璧な光を求めてダイヤモンドを磨き続けた田村さんのように……。

摩周丸の保存に命をかけた朝ちゃんのように……。

そして、親しくさせていただいていた聖路加国際病院の日野原重明先生もそうでした。先生は１０５歳でお亡くなりになりましたが、私が理事をしている音楽療法学会の理事長としても最後まで忙しく働き続けられて、最後はほとんどこっくりこっくりと眠っていらっしゃるような状態で、ニコニコ笑っているようなお顔で天に召されていかれました。

最後にニッコリと笑うことができるのは、社会的に成功したからとか、何歳まで生きたからとかそういうことではなく、その人が納得できる人生、心の底からやりたいと願ったことをやり続けることができた人生、そういう人生を生き切った時ではないかと思っています。

生きるということは、今日は何時に起きるか、何を食べるか、何を着るか、といった日常の小さな事柄も含めて、選択の連続です。その一つひとつの選択の集大成が「人生」なのだとすれば、一瞬一瞬を自分の心に忠実に選び取っていくしかありません。

もちろん、生まれてくる環境など、自分で選ぶことのできない運命もありますけれど、それでも、少なくとも「親が決めたから」とか「夫や上司に言われたから」と絶対に人のせいにはせずに、自分がどうありたいか、何をしたいのかを大切にしていけたらと思っています。

エルヴィス・プレスリーの歌に『見果てぬ夢』という一曲があります。これは、ミュージカル『ラ・マンチャの男』の劇中歌で、エルヴィスがミュージカルのナンバーをカバーするのは珍しいことでした。

そのなかで、エルヴィスはこんなふうに歌っています。

不可能な夢を夢見るために
かなわぬ敵と戦う
耐え難い悲しみに耐えて
勇者すら行かぬ場所へと
ただしがたい不正をただすために走る
清らかな純潔を深く愛し
両腕が疲れてもなお挑んで
届かぬ星に届こうとするのだ
（湯川れい子訳）

私も最後の最後まで、そんな見果てぬ夢を見ながら、この人生を精一杯生きていきたいと願っています。

私たちはみんな奇跡のような日々を過ごしている

『風の環《わ》』というオブジェがあるのをご存知でしょうか？

これは、イタリア在住の彫刻家・武藤順九《むとうじゅんきゅう》さんの手によるもので、大理石をくり抜いてメビウスの輪のような円環にした壮大な彫刻作品なのですが、その独創美は世界的な評価を得ています。

平和への祈りと鎮魂を表すモニュメントとしても大きな注目を集めていて、バチカンのローマ法王公邸に永久設置されたのをはじめとして、現在インドのブッダガヤにあるマハボディ寺院、アメリカ・ワイオミング州の岩山デビルズ・タワー、9・11のニューヨーク・グラウンドゼロ、作者の武藤さんご自身の出身地であり東北大震災の被災地である仙台など、世界9か所の聖地に設置されています。

私が『風の環』を知ったのは、久留米のO-リングの下津浦先生とのご縁でした。診療所の入口に、この『風の環』のミニチュア（といってもかなり大きい石像）が飾られていて、「実はどうしてもお力を借りたいことがある」と先生から切り出されたのが、ブッダガヤのマハボディ寺院に『風の環』を設置する際の記念式典での音楽でした。

マハボディ寺院は、お釈迦さまが悟りを開かれた菩提樹があるお寺で、後に世界遺産にも登録された仏教4大聖地の一つです。そのような神聖な場所で私などがお役に立つのならとても光栄なことですので、ぜひ！　とお引き受けさせていただいたのが2006（平成18）年のことです。

やわらかにうねる曲線が印象的な「風の環」。

インドでの式典も無事終わり、ブッダガヤからラージギルという小さな街に近い霊鷲山《りょうじゅせん》という、やはりお釈迦さまゆかりの地へ足を伸ばした時のことでした。

悟りを得て仏陀となったお釈迦さまが約8年間滞在されたという霊鷲山は、ビハール州のほぼ中央に位置する小さな山です。お釈迦さまは山の上に今も残る方丈と呼ばれる石の住処の上に立って、熱心な信奉者だったという地元の王や村人たちのために「無量寿経」や「法華経」を説いたといわれます。

山頂にはお釈迦さまがそこで説法をしたという見晴らしの良い場所が今も残っており、私はお釈迦さまが立たれたという四角く切り出された石の縁に座って、眼下に広がる緑の原野を眺めました。その時、心地よい風を頬に受けながら、ふとあることが頭をよぎったのです。

お釈迦さまの時代から2550年という時を経て、私はなぜここに座っていられるのだろう……と。

ここにお釈迦さまがいらしたということに価値を見いだす人がどれほどいるかはわかりませんが、選ばれた仏教徒でも特別なVIPでも何でもない私が宗教史に燦然と刻まれた聖地にこうしているというのは、何だかすごいことではありませんか？

実は、あまり自覚はないのですが、私は、よく運がいいといわれます。

「湯川さんって、やっぱり持ってるね!!」と。

でも、ここに座っていてわかったのは、「持っている」のは私だけではなく、今、この時代に生まれたすべての日本人だということでした。

もし私が100年前に生まれていたら、まだ旅客機なんてありませんでしたし、あったとしても女性が海外に出るような自由は与えられませんでした。

そして一度は焦土と化した日本があれほどの復興を遂げなければ、経済的な自由も得られなかったことでしょう。まだまだとはいえジェンダーの差別からも解放されて、女性も好きな仕事ができるようになり、望みさえすれば世界のどこへでも飛び出していけるのです。

100年前の日本人が見たら、まさにこんなことは奇跡だと驚くのではないでしょうか。

つまり、私たちがみんな「持っている」ということなのです。気づいていないだけで、本当は、奇跡のような日々を過ごしているということなのです。

ですから、「どうせ私なんて」とか「どうせ無理」などと、どうか自分を過小評価しないでください。もっと自信を持って、やりたいことにチャレンジして、ぜひそれぞれの夢を叶えていっていただけたらと思うのです。

最後にちょっと不思議なお話をさせてください。

比叡山・戒壇院のご本尊の手相に一夜にして太陽線が出現したことは前にも書きま

したが、それから10年経って、エイトスター・ダイヤモンドの指輪をしていた私の手のひらにも、突如、太陽線がクッキリと現れたのです。最初は左手、そしてしばらくして右手にも。

手相は変わるといいますから珍しいことではないのかもしれませんが、今思えば、これにもきっと何か意味があったのでしょう。

太陽線は、「自ら運命を切り拓く」ことを示唆する線だといいます。

当時私は、ちょうど人生の折り返し地点に入った50代。普通なら、もうここからは人生ゆるやかな下り坂と考えてもおかしくない年代です。でも、年齢には関係なく、やりたいことや、やれることはたくさんあるし、運命は何歳になっても変えていけるということなのです。

これは「まだまだやりなさい！」という、仏さまからのメッセージだったのかもしれません。そして手相はきっとこれからも、まだまだ変わっていくのかもしれません。それを楽しみに、これからも時々眺めてみることにしましょう。

もしかしたら１００歳まで!!

おわりに

もっと書くべきことや、考えてみたらあれこそが奇跡だったと思うことは他にもいろいろとたくさんあったように思いますけれど、本として1冊にまとめてみようと考えて書きはじめると、なかなか出てこないものですね。

でも、本当にいちばんすごい奇跡は、人との出会いだったと思います。あの親の元に生まれたこと。あの時代、あそこで育ったこと。そしてあんな経験をして、あの人と、あの人に出会ったこと。あの人からあの時、あんな意地の悪い、ひどい仕打ちを受けたけれど、おかげであの人と出会えたから、そのご縁であの人につながって、今もあの人とこの人に恵まれている……。そんな人、人、人とのつながり以上の奇跡なんて……他にはないのではないでしょうか。

それを私はちゃんと理解して、活かして、充分に感謝をしただろうか？ 少しでも恩返しとはいかないまでも、御礼を申し上げることができただろうかと考えてしまいます。

もしこの本をお読みいただいて、この「おわりに」を手に取っておいでだとしたら、その機会にぜひ、あなたが出会って、今も知人、友人、縁者、肉親として触れ合っておいでの方達に想いを馳せてみてください。

まさに最も大切な、あなたにとっての奇跡が見えてくるかもしれませんから。

もしかしたら、地球温暖化や食糧難など、とても生き難い時代が来るかもしれません。そんな時ほど、どうぞあなたがご友人や縁者、肉親にとっての奇跡の「笑顔配達人」であってくださいますように〜。

湯川れい子

2024年12月

（著者プロフィール）

湯川れい子（ゆかわれいこ）

東京都目黒生まれ。1960年ジャズ専門誌『スイングジャーナル』への投稿が認められ、ジャズ評論家としてデビュー。『全米TOP40』をはじめ、ラジオのDJを60余年にわたって務め、独自の視点によるポップスの評論・解説を手がける。作詞家として「涙の太陽」「ランナウェイ」「ハリケーン」「センチメンタル・ジャーニー」「ロング・バージョン」「六本木心中」「あゝ無情」「恋におちて」などがある。ディズニー映画『美女と野獣』『アラジン』『ポカホンタス』『ターザン』などの日本語詞も手がける。近年は、平和、健康、教育、音楽療法などボランティア活動に関するイベントや講演も多い。著書に『音楽は愛』（中央公論新社）、『女ですもの泣きはしない』（角川書店）、『時代のカナリア』（集英社）など。

私に起きた奇跡

2025年2月1日　第1刷発行

著　者　湯川れい子
発行者　唐津　隆
発行所　株式会社ビジネス社
〒162－0805　東京都新宿区矢来町114番地　神楽坂高橋ビル5F
電話　03－5227－1602　FAX 03－5227－1603
URL　https://www.business-sha.co.jp/

〈カバーデザイン〉谷元将泰
〈著者写真〉Mitsu Takanaga
〈本文デザイン＆DTP〉関根康弘（T-Borne）
〈編集協力〉金原みはる
〈印刷・製本〉モリモト印刷株式会社
〈編集担当〉山浦秀紀　〈営業担当〉山口健志

ISBN978-4-8284-2668-6

好評発売中 ビジネス社の本

昭和一桁生まれの同い年、92歳で初対面！

物忘れがひどくなっても、脚腰が痛くても、
嫌な気分で生きるなんて、もったいない！

なにがあっても、まあいいか

樋口恵子
聖心会シスター
鈴木秀子

昭和から平成、そして令和を生きる
お二人に学ぶ、毎日を機嫌よく生きるヒント

＊人の悩みの90パーセントは些末なこと
＊年を取ったら自分本位に生きてＯＫ
＊ユーモアの精神を忘れない
＊「ありがとう」と一言口にするだけでいい
＊いつも機嫌よくいることは、高齢者にできる社会貢献

ISBN978-4-8284-2682-2
定価**1,650**円
（本体1,500円＋税10％）

好評発売中　ビジネス社の本

個性的な三浦家の人々を描き、新聞・雑誌の書評欄で大絶賛！

三浦朱門と曽野綾子の一人息子・太郎に
嫁いだ暁子が目にしたものは？

太郎の嫁の物語

三浦暁子

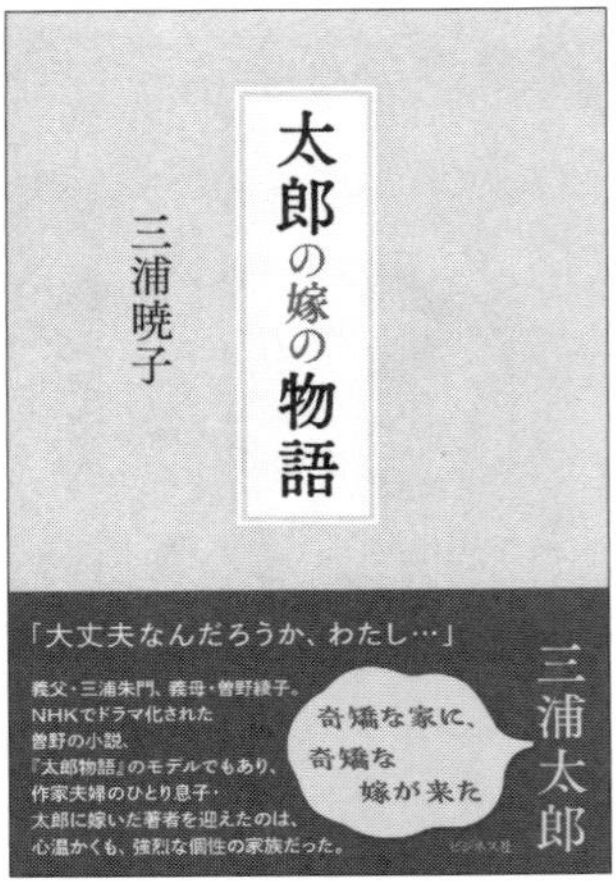

ISBN978-4-8284-2520-7
定価**1,760**円
（本体1,600円+税10%）

**「太郎君と結婚するのは
やめた方がいいんじゃないかな」**

私は今もトロいが、当時は若く、今よりさらに何もわかっていなかった。先生がそんなことを言うために、忙しい中をわざわざ会いに来てくれたと知り、ただ嬉しかった。　——本文より

三浦朱門と著者
撮影／山崎陽一